子どもの「いや」に困ったとき読む本

どうやってしつければいいの？

東京学芸大学教授・臨床心理士
大河原美以

大和書房

はじめに
子どもの「いや」にどう向き合えばいいの？

この本はいま、乳幼児を育てている親ごさんたちのために書きました。

子どもの「いや」を前にして、どう関わればいいのか自信がもてず困惑してしまうということは、多くのママたちが体験しているところだと思います。

近年はママたちを楽にさせてあげたいという思いから、「よい母になろうとしなくていい。気楽にやればいい。子どもの育ちは親の責任じゃない。社会全体で子どもを育てるべきなのに、そうじゃない日本が悪い。だからそんなに思いつめなくていいんだよ」といった方向性の励ましが多いように思います。

でも、この本はそうではありません。「しっかり育てようよ」という本です。

親のつらさはさておき、子どもの育ちという点を中心に、子どもがちゃんと育つために必要なことを書きました。

私の専門は、小学校以降の子どもたちの心理的な問題を治療援助することです。この本は、子どもたちが後に心理的問題を抱えて親子ともに苦しむことをできるだけ予防したいという思いから、書いたものです。

小学校低学年における暴力件数が増えているという問題は非常に深刻です。残念ながらこれからも増えていくだろうことを危惧しています。

幼い年齢の子どもたちの暴力は、不快な感情のコントロールができないことによって生じますが、それは、親子関係において不快なときに親の顔を見ると安心するという関係性ができていないことから生じます。

日本のママたちは、子どもの様子から子どもの思いをくみとる能力は非常にすぐれています。でも、わかるからこそ生じる自分自身の不安にもちこたえる部分はとても弱いのです。

不安でつらいからといって、パパや祖父母や保育士が、ママより上手に育児を全面的にやってくれたら、それでいいかというと、それこそ「自分はだめなのだ」という思いにさいなまれてしまうことでしょう。ママが育児に自信を失うことは、子どもにとってもよいことではありません。日本のママたちは、「他人にあずけてラッキー」とお気楽にいられるわけではないからつらいのです。

だから、ママたちが「ちゃんとできる」という体験をしていくことが重要だと私は思います。

私がこれまで、カウンセラーとして出会ってきた親ごさんたちは、たとえ一時的に虐待的な関係性におちいってしまったとしても、ほんとうは子どもを愛せるようになりたいという強い願いをもち、それゆえに苦しんでいました。そして、子どもを愛せるようになるために自己と向き合い、自己の痛みを受け入れることを通して、ちゃんと母になることができるということを、私に教えてくれました。

この本では、乳幼児期に育てたい感情コントロールの力の基礎に焦点をあてて、Q＆Aの形で具体的な場面での対応を示しました。この本に示したことを知ることで、そして実行してみることで、子どもの反応が変わり、ママが「できるかも」という実感をもつことが、子どものすこやかな成長にきっと役立つと思います。

本書を通して、子どもをしつけるということはどういうことなのかということをつかんでいただけることを祈っています。それはそのまま小学校以降の子育てにおいても応用できることです。

第2章からは、カウンセラーママによる子育てエッセイも入っています。私の大学院の修了生で現在子育て中の5人に、書いてもらったものです。わが子を育てるということは、理屈どおりにはいかないものであって、たとえカウンセラーだとしてもみんな同じように迷い、困惑し、悩みます。だけれども、どうすればいいか知っているということによって、私たちは覚悟を決めることができます。待つことや自分を励ましたりすることができるのだと思います。読者のみなさんにとっても、この本がそういう役割をもつものとなることを願っています。

最後になりましたが、本書は、矢島ブックオフィスの矢島祥子さんのお力により実現したものです。矢島さんが、子育て中のママたちを支えるためにこの本を企画し編集してくださったことの御縁に感謝いたします。

二〇一六年七月

東京学芸大学教授・臨床心理士　大河原《おおかわら》美以《みい》

子どもの「いや」に困ったとき読む本　目次

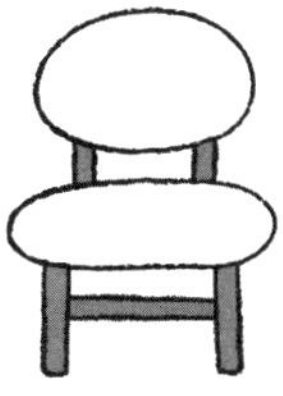

第3章　子どもはどうやって「ことば」をおぼえていくのか

第4章　どうやってしつけをすればいいのか

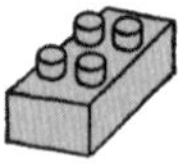

第5章　親子のSOSサイン

こんなとき、どうしたらいいのですか？

第6章　ママ自身のSOSサイン

ママとしてちゃんとやっていけるかしら？

第 1 章

子どもの「いや」は なぜ起こるのか

子どもの「いや」と脳の発達

もし子どもが「いや」と言わないで、親の言うことをきいてくれるとしたら、それなら、子育てはきっと楽しいだろうに……と思う人は多いことでしょう。

「いや」というのは、「求められていることをすることには不快がともなうのでしません」という意思表示ですよね。幼児の「いや」は、口からべーっと出すようなものから、断固いやと言って動かない、ひっくり返るなど、その表現方法もエネルギッシュです。思わず手が出そうになったり、出てしまったり、途方にくれて無力にさいなまれたり……子育て経験者はみな思いあたることでしょう。

なぜ、子どもは「いや」と言うのでしょう？ 「魔の2歳児」と言われるように、「いや」連発の2歳児に悩んでいるママたちは多いことと思いますが、もし「いや」を言わない「よい子」だったら……？ 実はそれはとても心配なことなのです。

その理由を、順を追って詳しく説明します。

そして、ママたちの質問に答えていきたいと思います。

はじめに「いや」にかかわる脳のしくみについて、簡単に説明しておきます。脳というのは、三層の構造でできています（図1／17頁参照）。

主として身体を司《つかさど》っている「脳幹部《のうかんぶ》」。感情と記憶を司っている「辺縁系《へんえんけい》」。そして人間だけが高度に発達した賢い脳みその「皮質《ひしつ》」です。この皮質の前の部分に前頭前野《ぜんとうぜんや》があり、そこには考えたとおりに行動するということを実行するための機能があります。

感情と記憶、身体を司っている辺縁系と脳幹部は、命を守るために機能している本能的な賢さをもつ脳みその部分です。実は「いや」の元になっている「いやな気持ち」はここからでてきています。本書では、この部分を〈いやいや脳〉と呼びたいと思います。〈いやいや脳〉とは名付けましたが、ここは「命を守るために機能している本能的な賢さ」を担《にな》っている部分ということを、しっかり覚えておいてくださいね。

ことばによってママ・パパの言うことを理解して、言うことをきこうと思う脳みそは、皮質の前頭前野の部分にあたります。この部分を〈おりこう脳〉と呼ぶことにしましょう。

次頁の図1を見てください。この脳の構造を単純化して示しました。

知っておきたい〈いやいや脳〉と〈おりこう脳〉の役割

ことばを有している皮質の部分は、年齢とともに少しずつ発達していきます。生まれたときには、まだ〈おりこう脳〉は機能していません。だから、乳児は泣くだけです。身体の状態が快適かどうかということに反応して、泣くことでしかコミュニケーションをとることができません。

つまり人間の脳は、生まれたときには命と身体を守るための機能をもっている〈いやいや脳〉の部分しか機能しておらず、成長発達に伴って〈おりこう脳〉が機能するようになっていくわけです。

〈おりこう脳〉は、20年かかって完成するのです。だから、成人式は20歳なのですね。「魔の2歳児」は、まだまだ脳みそが未完成の状態なので、あたかも動物の

図１　〈いやいや脳〉と〈おりこう脳〉の役割

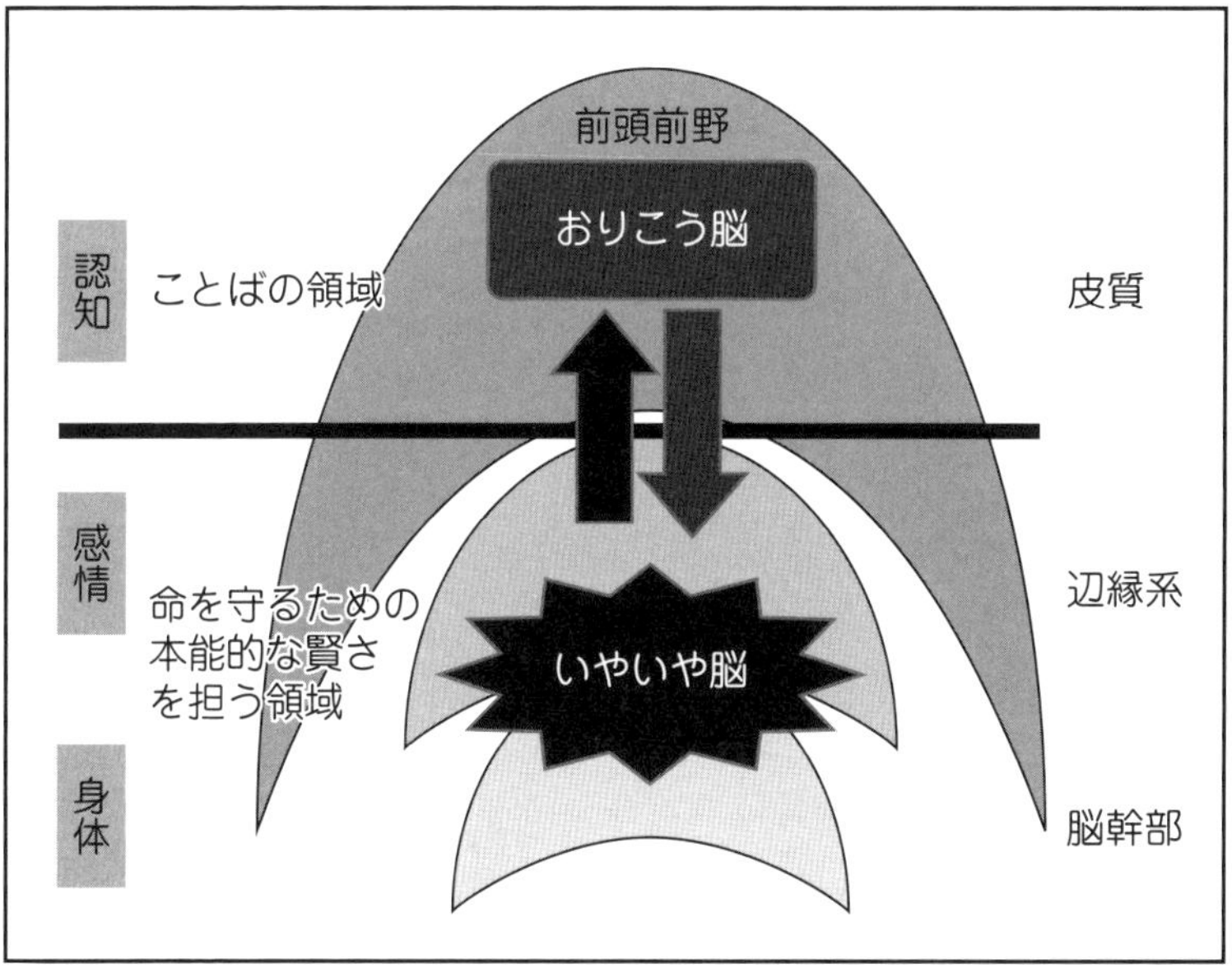

ように「いや」のコントロールは不能なのです。

図1（17頁）に示したように、がまんする力というのは、〈いやいや脳〉と〈おりこう脳〉との間で、情報がやりとりされて、その折り合いをつけることができるようになることで育ちます。

私たち大人も、眠いとき、頭の中で「眠いなぁ、もっと寝ていたいなぁ〈いやいや脳〉」「だめだよ、起きなくちゃ〈おりこう脳〉」みたいな葛藤を経験しますよね。この2つの脳みその間の葛藤に、折り合いをつけることができる能力、これが「がまんする力」なのです。

でも、「がまんする力」をどうやったら身につけることができるのかということについては、一般的にたくさんの誤解があります。

いやな気持ちをどこまで認めてやればいいのか、どこで叱らなくちゃいけないのか、わがままになっちゃうんじゃないか、そもそも「いや」って言うこと自体がわがままでしょう……など、子どもが自己主張をはじめると、毎日悩むことだらけになりますよね。

本書では、子どもが年齢相応に適切に「がまんする力」を身につけていくためには、親のどんなかかわりが必要なのかという点から、ママたちの質問に答えていきたいと思います。

がまんする力をどう育てるか

がまんする力の脳の機能を健全に育てていくために、乳幼児期に必要なこと、それは子どもが不快なときに、子どもに「安心・安全」を与えることができるという関係性です。

泣いている赤ちゃんを抱っこして、赤ちゃんが腕の中ですやすやと眠るという状態を思い出してみてください。身体が不快だった状態が安心・安全に包まれることによって、不快な身体感覚や感情がおさまったという状態です。それが次頁の図２の状態です。

〈いやいや脳〉から出てくる不快な身体感覚や感情は、命を守ってもらうためのサインとして生じるものです。それを養育者がキャッチして、保護し、欲求が満たされて、安心・安全に包まれると、不快は制御されるのです。

図2　がまんする力を育てる「安心感と安全感」

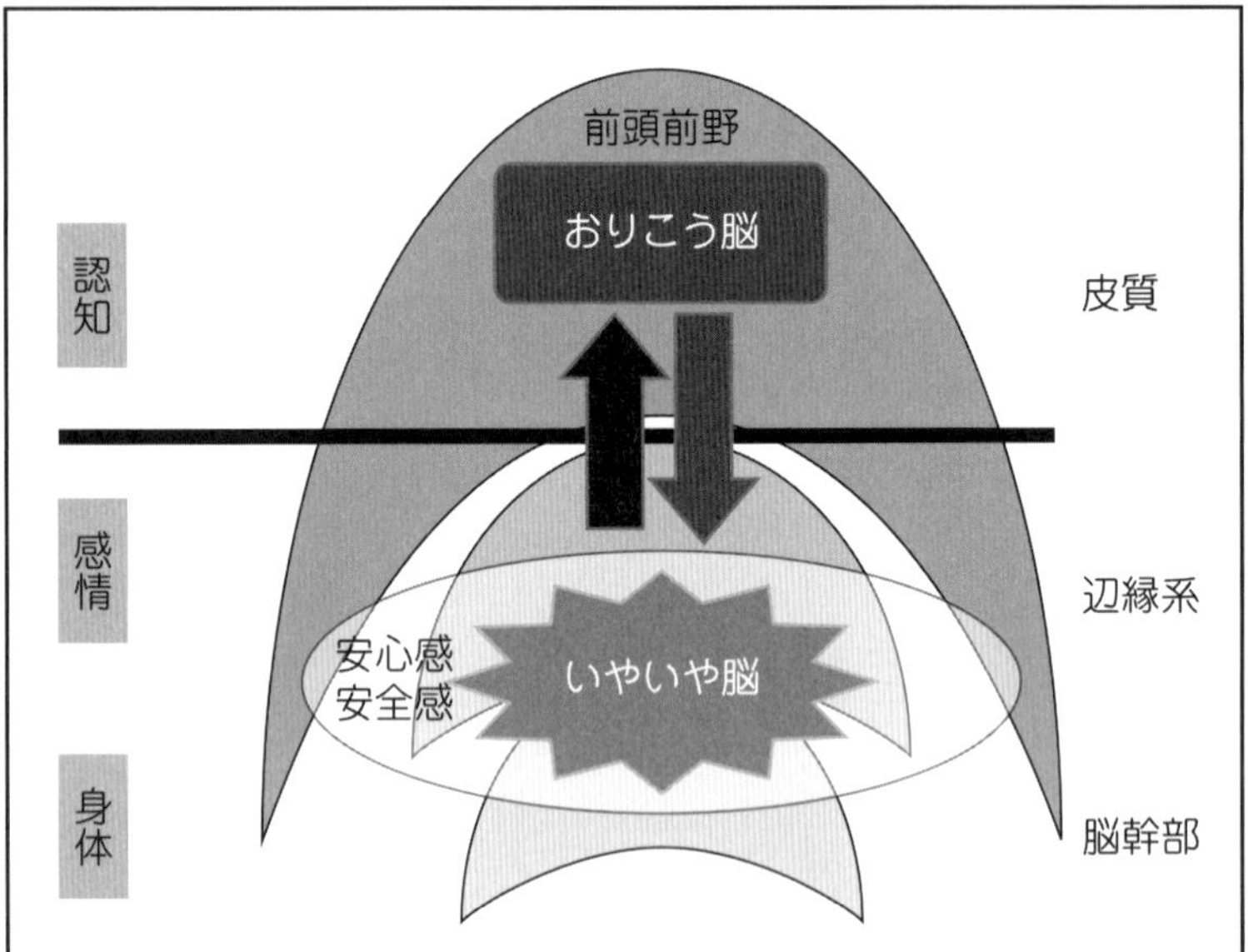

これが、がまんする力が育っていくための基盤になります。心理学の領域では、「愛着の関係性」と言われています。

乳児のうちには愛着の関係を築くことはできたとしても、２歳児ともなると、そう簡単なことではなくなります。

ことばを覚えてほんのちょっとだけ〈おりこう脳〉が機能しはじめたものの、まだまだ世界を理解できるほどには発達していない２歳児。それでいて歩いたり走ったり、いろんなものに興味をもって、動きも意志も活発になってくる。ママは「だめ」で制御しないと、子どもの命を守れない。だけど２歳児はなぜ「だめ」なのか理解できない。そこで欲求不満になると〈いやいや脳〉全開で「かんしゃく」を起こし、制御不能となります。

４歳児くらいになると、〈おりこう脳〉も機能するようになってきて、覚えたことばと制御の機能のバランスがとれてくるので、２歳児に比べると「言ってわかるようになった」と感じることと思います。

それでも、まだ小学校低学年くらいまでは、状況によっては、〈いやいや脳〉と

〈おりこう脳〉のバランスがくずれて、かんしゃくを起こすことはよくあることです。

図2（20頁）に示したように、子どもが不快になったときに、ママやパパによしよしされることでおさまることができるという安心・安全による制御が蓄積されていれば、たまに起こすかんしゃくは、心配のないかんしゃくです。そういうかんしゃくを温かく見守ってもらうことが、将来のがまんする力を育てる基盤になるのです。

「問題」というものは、子どもが「いや」を主張してかんしゃくを起こしたり泣きわめいたりするから生じるのではなく、子どものかんしゃくや泣きわめきを見て、ママやパパが穏やかな気持ちではいられなくなるということから生じるのです。

心配な2つのタイプ

子どもが「いや」を主張して、泣いたり怒ったりごねたりしているときに、親との関わりの中で安心・安全を子どもに与えることができないと、がまんする力の育ちが困難になってしまうということが起こります。

がまんする力の育ちが困難になっている場合には、２つのタイプがあります。

１つには、次頁の図３に示したような、成長とともに消えていくことができないかんしゃくによって、小学校の年齢になっても、感情のコントロールが困難になってしまうタイプです。

「いやいや」の気持ちが安心・安全に包まれる経験がないために、〈いやいや脳〉が暴走してしまいます。一般的には、きれたり暴言をはいたりするという状態を示します。〈おりこう脳〉が発達してきているはずの４歳以降になっても〈おりこう脳〉が機能しない状態です。

その結果、親からも先生からも叱られることが多くなってしまい、ますます安心・安全を体験する機会が失われて、悪循環となってしまいます。〈いやいや脳〉と〈おりこう脳〉のバランスがとれないので、脳全体も発達の機会を失ってしまいやすく、全般的な遅れや発達のばらつきが生じたりもします。

図3　成長とともに消えていくことができないかんしゃく

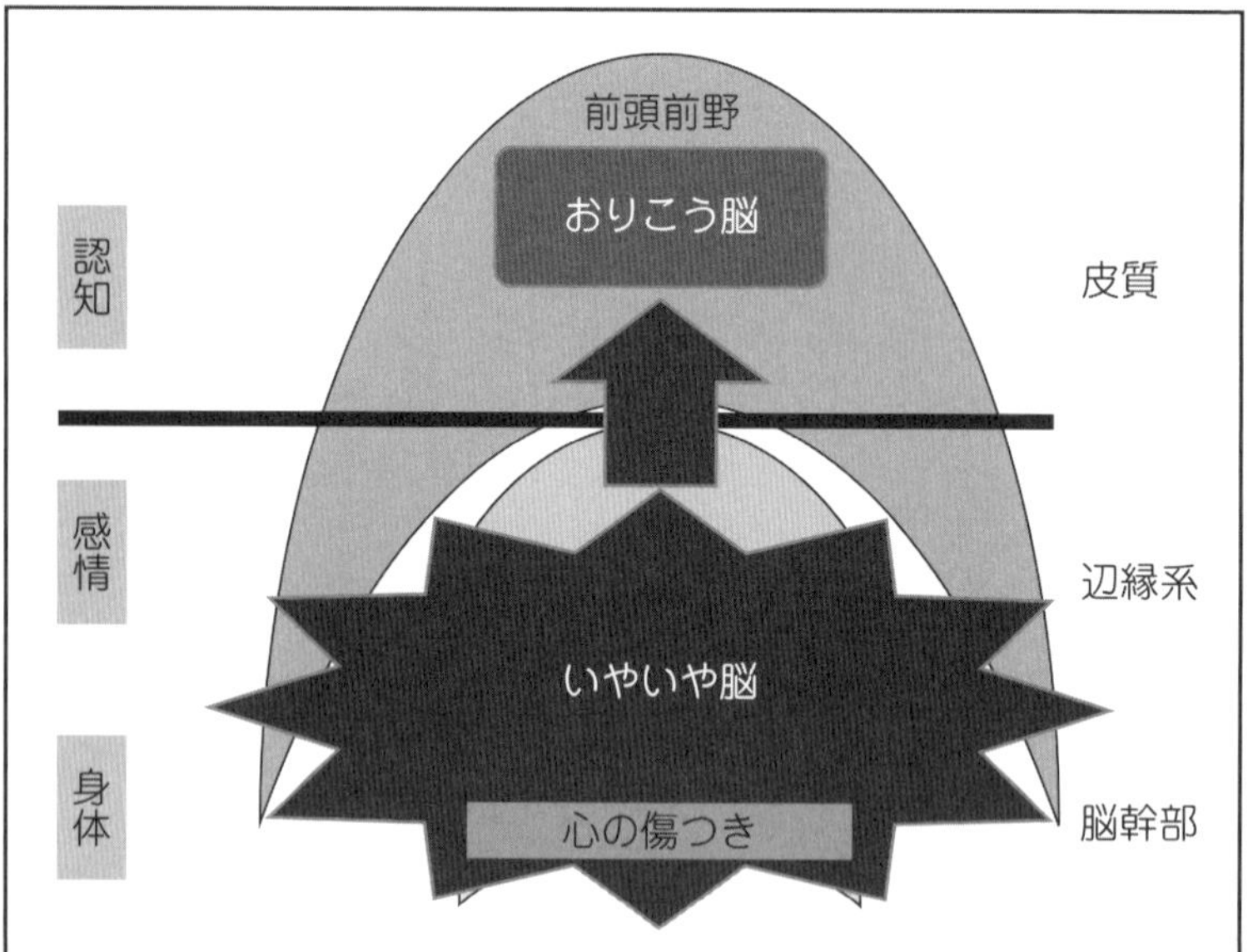

一方で、次頁の図４に示したような発達をする子どものタイプも深刻です。ママやパパが〈いやいや脳〉の登場をいやがる環境において、〈おりこう脳〉の発達がよい子どもは、図４に示したように、〈いやいや脳〉と〈おりこう脳〉の間の情報が流れなくなってしまうことが起こります。

この状態にあると、親の前ではぐずらない、泣かないよい子になることができます。そのため脳みその中で、こんなに大変なことが起こっているということに気づいてもらえないということが起こります。

親の前ではすごくよい子なのに、親の見ていないところでかんしゃくを起こしたり、いじわるをしたりすることにもなります。〈いやいや脳〉からあふれてくるエネルギーが抑え込まれて封印されている状態なので、小学生以降にさまざまな心理的問題を生じさせることになります。

このような状態にある子どもは、一見、とても「よい子」に見えますが、いじめをしても心が痛まないということになってしまいます。

図4　泣かない「よい子」が将来心配な理由

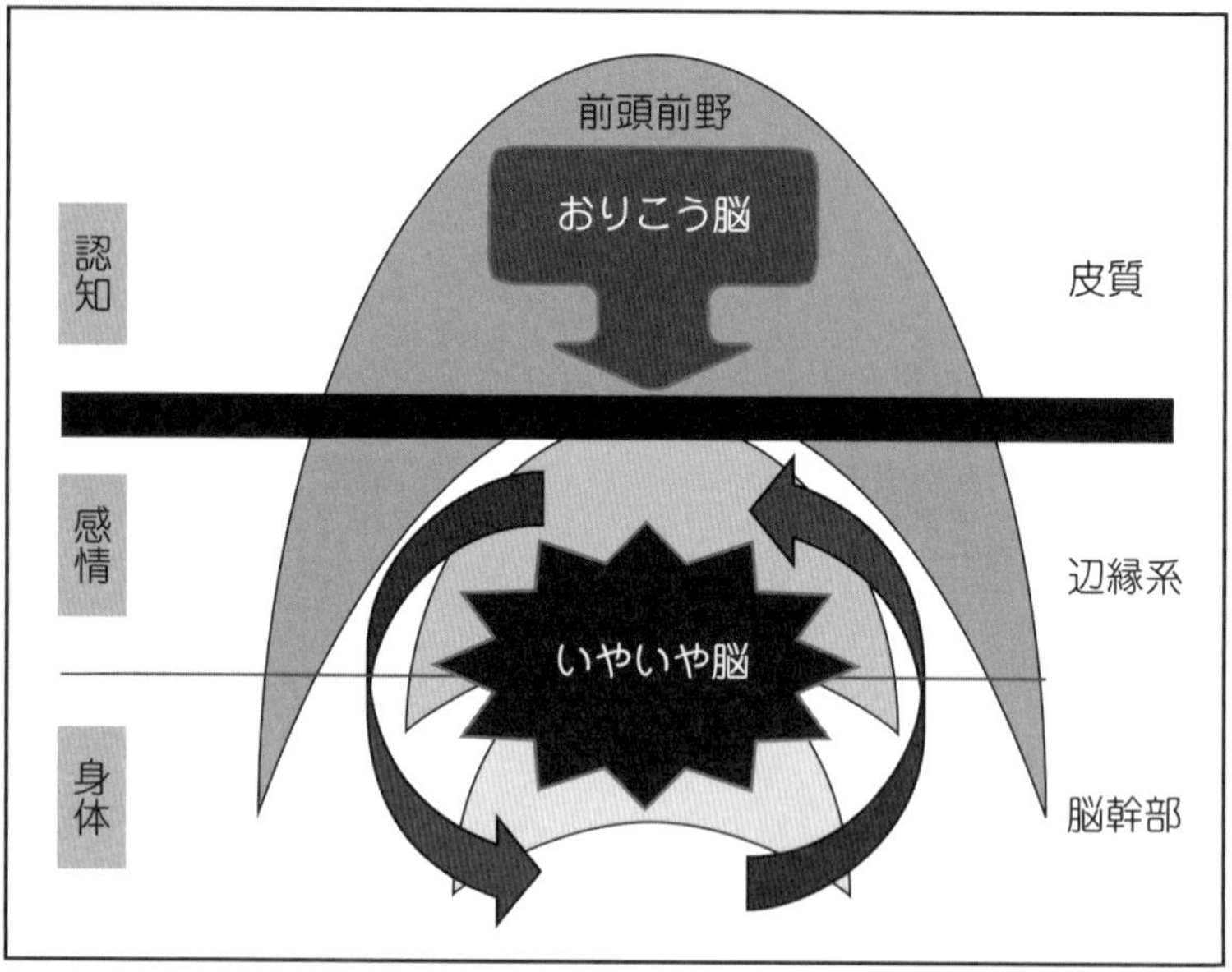

〈いやいや脳〉を大切にすることが必要なのはなぜか

母子３人組のお散歩風景です。３歳くらいの子どもたちが、覚えたてのスキップで得意げに勢いよく走ってきました。その10メートルくらいうしろをママたちがおしゃべりしながら歩いています。そのとき、先頭の男の子が勢いよく、道路にたたきつけられるように転んでしまいました。

道路はアスファルトです。そのとき、うしろを歩いていたママは絶妙なタイミングで、「痛くない！」と男の子に向かって叫びました。男の子が顔をゆがめながらようやく起き上がったとき、「えらい！」とママのおほめの言葉が届きます。すると男の子は、何事もなかったかのように立ち上がり、そのままスキップをして走っていきました。ママは満足げな表情で、そのままおしゃべりを続けていきました。

このとき、子どもの脳みその中でなにが起こっているのでしょうか？

その子は、勢いよくアスファルトの道路にたたきつけられるように転んだのです。当然、ぶつけたひざには「痛み」が生じたはずです。痛みは、そもそも身体へのケアが必要だということを〈おりこう脳〉に伝えるための重要な機能を担っています。

ひざをぶつけたことで生じた痛み信号は、背骨の中の神経を通って〈いやいや脳〉の部分に伝えられます。〈いやいや脳〉の部分から、「痛いですよ」「いやだあーー」という情報が〈おりこう脳〉に伝達され、判断を仰ぎます。

子どもの〈おりこう脳〉は未熟ですから、自分では判断できないので、ママの声をききます。ママの声は耳から入って〈おりこう脳〉に届きます。すると、〈おりこう脳〉は〈いやいや脳〉に向かって「痛くないですよ」と伝えることになります。そういうことが起こっているのです。

次頁の図5を見てください。

健康な子どもの脳は矛盾している情報を処理しきれないので、パニックになって大泣きします。「いやだあ、もう歩けない！」と泣きわめいて〈いやいや脳〉が自己主張しているとき、それは命を守るための機能がちゃんと作動している健康な状態であると言えるのです。

ところが、ママに「痛くない」と言われて、そのままスキップを続けていった子

図5　「痛いって感じちゃだめなの？」という混乱

どもの脳の中では、〈おりこう脳〉が「痛くない」と指示したことで、〈いやいや脳〉が「了解です。これは痛くないんですね」と反応して、「痛くない」ように信号を変更してしまったということです。

これは、専門的には、「一次解離反応」と言いますが、このような関わりが日常的に展開していくと、前頁の図4で示したような〈いやいや脳〉のエネルギーを抑えこむ脳みその使い方が定着してしまうのです。

子どもは親の泣いてほしくない、ぐずってほしくないという願いを満たすために、自分の脳の中の反応を変えることで、親に適応するのです。なぜなら、子どもは親に愛されなければ生きていけない存在だからです。

以上、〈いやいや脳〉と〈おりこう脳〉の働きを通して、がまんする力がどのように発達するものなのかということを説明しました。次章では、〈いやいや脳〉は実際にどんな行動を引き出すのかということを、具体的にお伝えしていきたいと思います。

第2章

〈いやいや脳〉の5つの役割

この章では、1歳から2歳くらいのお子さんのママたちからのご質問に答えていきましょう。〈いやいや脳〉の大事な仕事は、ママたちにとっては困ったことと感じられることが多い時期です。

〈その１〉吐き気の役割

Q&A 1 身体《からだ》からのサインとのコミュニケーション

Q：せっかく作った食事を食べたがらず、がんばって食べさせようとすると、「オエッ」ってなるんです。「わざとやってんじゃないの」と思うくらい毎回で、いらいらします。（１歳１ケ月）

A：吐き気には役割があるのです。吐き気は〈いやいや脳〉の働きです。どんな役割があるかというと、食べないことで身を守るための働きです。〈いやいや脳〉は、いつも命を守るために働いています。大人であっても、腐っているものを口に入れようとすると、吐き気が出ますよね。生理的な反応である「吐き気」が出ることで、私たちの〈おりこう脳〉は「これは食べちゃだめなものなのだ」と認識できます。〈いやいや脳〉は、ほんとうはとてもおりこうなのです。

でもご質問の場合は、ママが「せっかく作った食事」です。「おいしい食事」です。それでも子どもは吐き気を示しているので、ママとしては、「がっかり」の気持ちがいらいらになってしまうのですよね。

私たち大人であっても、自分の体調がいまいちのとき、いつもは大好きなものであっても、吐き気を感じることがあります。つまり、吐き気というのは、食事がおいしいかどうかではなくて、身体の状態を示すものなのです。だから、「オエッ」ってなったら、「いまは、受けつけないのかな」と子どもの身体の状態を見て、無理じいしないということが重要です。

〈いやいや脳〉は、命を守るためにちゃんと働いているんだということを認めてもらえると、その間に調整されますから、5分後には口を「あーん」とあけることにもなるのです。

ちゃんと子どもの身体を見て、その身体の声をきいてあげることが重要なのです。それがコミュニケーションです。

言葉を話すようになる前から、親と子は身体の反応を通して、コミュニケーションをしています。無理に口の中につっこめば、もっと吐き気が出るということは、自分がされることをイメージするとわかりますよね。

ご質問にあるように、そういう状態が「毎回で」となると、すでに悪循環が起こっている可能性があります。「吐き気」という「ちょっと待って」という身体のサインを無視されてしまうと、〈いやいや脳〉は安心・安全に包まれなくなるので、一生懸命抵抗をつづけなければならなくなります。

そうなると、食事の場面という状況そのものが、緊張を高めますから、条件反射的に「吐き気」が出やすくなってしまいます。食べたものをちゃんと消化していくためには、ゆっくり楽しい雰囲気が必要なのです。

ですから、こういう場合での「吐き気」はわざとではないので、「〈いやいや脳〉がちゃんと機能してえらい！」ととらえて、のんびり構えることが必要です。食卓でママの笑顔が見られるようになると、ちゃんと飲み込むことができるようになります。

子どもの「吐き気」を見ると、自分が否定されているような気持ちになって、ママがかたくなになってしまうということもあるかもしれません。吐き気は生理現象ですから、ママやママの作った料理を否定しているなんてことはありません。

せっかく作った食事を食べてくれなければ、ママが「がっかり」の気持ちでいっぱいになるのは当たり前のことです。でも、ママの「がっかり」の気持ちをおさめるために、子どもが無理に飲み込んだとしたら、それは、子どもの発達にとってよくない影響を及ぼしてしまいます。ママは「がっかり」なんだけど、子どもの身体の状態に目を向けてみましょう。

「オエッ」とはならないけど、「食べようとしない」という場合も、同じですね。

〈その2〉不安の役割

Q&A 2

「ママじゃないといや」はちゃんと育っている証拠

Q：10ケ月くらいから、ちょっとの間もパパに抱かれると泣くようになって、「ママじゃないといや」という感じで、泣きやまないので、父親がいても私の負担ばかりが大きくなるんです。「ママじゃなくてもいいでしょ」と言うと、もっと「わーー」と大泣きになって、身がもちません。もっと子育てを平等にしたいんです。（1歳1ケ月）

A：幼い子どもが一番にママを求めるということには、深い意味があります。ママというのは「産んだ人」です。だから、子どもはママにくっつくと「安心」するのです。それはママが命を与え、お腹の中で育てたからです。そしてそれは本能的・生物的なつながりによって生じるものです。

10ケ月くらいになると、他の人を認識できる能力が発達してきます。ママ以外の人を認識できるようになったことによって、不安が生じるようになります。不安が生じるからママにくっついて安心したいのです。

もう少し大きくなっても、1歳台の間は、眠かったり、疲れていたり、おなかがちょっとすいていたり、身体がなんとなくいまいちだったり、なにか新しい状況で不安を感じていたり、そういうほんのちょっとしたことで生じる不安、いやな気持ちに対処するために、ママが必要とされるのです。

不安・不快が生じて、ママにくっつくことで安心する。この関係性は、第1章で説明したとおり、専門的には「愛着の関係性」と言います。

実は乳児期の愛着の関係がきちんと構築されているからこそ、1歳台で「ママじゃないといや」という強烈な自己主張が出るようになるのです。だから、「ママじゃないといや」は、「安心してください。いい感じに育っていますよ」という証拠です。

乳児期にベッドにほったらかしというような環境で育つと、1歳すぎても、世話をしてくれる人ならだれでもいい、ママじゃなくてもいいという反応を示します。愛着の関係性は、感情コントロールの基礎を作るものですからとても重要なのです。「不安になって、そしてママにくっついて安心する」ことを通して、〈いやいや脳〉と〈おりこう脳〉の間の道路工事が行われているのです。

さて、このように理解していただけると、「もっと子育てを平等にしたい」という願いは、「今ではない」ということがおわかりのことと思います。渦中にいるときには、とても長く感じるものですが、子どもが「ママじゃないとだめ」の時期はすぐに通り過ぎますから、お子さんがすこやかに育っているんだと思って、幸せ感を楽しんでほしいのです。自分の腕の中で子どもが安心を感じている感覚にひたってみましょう。

この時期は、母子が安心してその時間を楽しめるように、パパや周囲のサポーターは、周辺のことをお手伝いいただけると、うまくまわると思います。泣いている子がママにくっついて泣きやむことができる環境を、サポートしてあげてください。

自分がママにくっつきたいという欲求を承認してくれるパパは、安心な存在とみなされるようになり、結局「ママじゃないといや」の気持ちは弱まってきます。そして、2歳をすぎると、しだいに「ママじゃないといや」はおさまってきます。ことばや状況を理解することで、不安をおさめることができるようになってくるからです。

ご質問には「ママじゃなくてもいいでしょ」と言うと大泣きになるとありますが、ママが受け入れてくれないと、子どもの不安が高まってしまうので、悪循環になってしまうのです。

もし、手が離せない状況で、パパや祖父母が抱いている場合であっても、「ママがいいんだよね。ママが大好きなんだよね」と言いながら、他の人がめんどうをみるという形にしたほうが、気持ちを受容されることによって安心感が出てくるので、泣きやむのは早くなります。

大事なのは、子どもの「安心感」に目を向けるということ。

実際にすべての世話をママがしなければならないということではなく、「子どもがママを一番に求める気持ちは、とっても大事な気持ち」ということを知っている、そのことが重要なのです。子どもが自分の気持ちをわかってもらっていると感じていることが、安心感を高めるからです。

ママは妊娠・出産という大仕事をしたわけですから、「ママが一番」にしてもらえる栄誉を受ける権利があります。その幸せな時期を楽しみましょう。

育メンパパも、ママに栄誉を与えてあげてくださいね。

決して、ママと争って、パパが一番になろうとしないでください。ママは命がけでわが子に命を与えた人だからこそ、ほんとに「平等」だったり、パパのほうが子育て上手と言われたりしたら、ママはひそかに深く傷ついてしまうのです。

この時期のパパの役割は、ママとお子さんの関係がスムーズにすすむようにサポートすることです。そのことが、家庭内でのパパの存在感を確実に高めます。

〈その3〉恐怖の役割

Q&A 3 「こわい」と言えるようになることは成長の証

Q： 歩きはじめたのは11ケ月くらいで早いほうでした。運動神経もいいみたいで、すべり台などもすいすいだったのですが、1歳8ケ月になって、急に「こわいこわい」と言いだして、すべり台にのぼらなくなってしまいました。「こわくないよ、こわくないよ」と励ましているのですが、がんとして動きません。（1歳8ケ月）

A： この状況は、お子さんが「こわい」と感じることができて、言えるようになったということ、すばらしい成長を示しているということです。

「恐怖」にも大事な役割があります。2階の窓枠に立っていることを連想してみてください。足がすくんで恐怖を感じますよね。この足がすくんで恐怖を感じるという反応も、〈いやいや脳〉が機能していることを示しています。そして人は、この反応によって、すみやかに安全な場所に移動することができます。

ここが地上何メートルなのかを認知せずとも〈おりこう脳〉の領域）、反射的に危険を感じて身を守る行動をとることができるのは、〈いやいや脳〉がちゃんと恐怖を感じることができるからなのです。

歩き始めた活発なお子さんが、すべり台をすいすいすべっていたときには、恐怖を感じることで身を守るという機能がまだちゃんと発達していなかったということです。ですから、その時期はママが目を離さず、ママがお子さんの身の安全を守っていたことと思います。

しかし、発達してくる中で、子どもは自分で自分の身を守ることができる能力を開発していきます。その結果「こわい」と感じ、「こわい」と自己主張するということができるようになったのです。すばらしいことです。

このようなときには、「こわいねぇ。よく言えたねぇ」と応じてあげてください。自分の身体の中からあふれてくる感情を、ママに承認してもらえると、安心します。恐怖が安心に包まれると、恐怖がおさまってきます。そのうちに、またチャレンジしたり、自分が安心だと思える範囲で動きはじめたりします。

ジャングルジムであれば1段目にのせて、「ここはこわい？」「こわくなーい」「よかったぁ。ここは安全だね」というようなやりとりをしてください。こわい気持ちと、安心・安全な気持ち、それがきちんと認識できるようになっていくことが幼児期に大切なことです。

うさぎを触《さわ》るのがこわいのなら、子どもが安心して見ていられる距離から見学します。「ここはこわい？」「こわくない」「じゃあ、ここで見てようね。ここは安心」と言って見学します。安心を感じる中で、こわいものとの距離をきちんととることを学ぶと、だんだんこわくなくなっていきます。

〈いやいや脳〉の機能をちゃんと尊重して育てることが、感情制御の力を育てるために、とてもとても大事なのです。決して、無理に触らせてはいけません。

大きくなってからのさまざまな恐怖症は、2歳頃の体験に基《もと》づいていることが多いものです。自分の身を守るために発達した「恐怖心」を表明する力がついた段階で、その恐怖心を周囲から承認されず、「こわくないでしょ」「がんばりなさい」とこわいものを無理やりがまんさせるなら、確実に将来の恐怖症を抱えさせることになります。

ご質問には「こわくないよ」と励ましているとありますが、第1章に「痛くない！」という例でお伝えしたことと同じで、身体感覚や感情を否定することでコントロールする方法は間違っています。

ママ、パパは「こわいって言えてスゴイ！」という感覚をもってください。そして、そのこわさを尊重し、承認することで、安心を与えてください。安心が勝てば、おのずとこわくなくなります。子どもは日々、成長しています。今日こわくても、明日は大丈夫だったりします。

〈その4〉痛みの役割

Q&A 4 「痛いの、痛いの、とんでけー」で痛みの承認と共感

Q： 子どもが転んだりしたときに、「痛かったね、大丈夫？」と言うと、そう言われたとたんに、わぁーーと大泣きになってしまいます。やさしい声かけをしてあげたいと思うのですが、やさしくすると大泣きされるので、「痛くない」「なんでもない」と言ってしまうのですが、それではだめなのでしょうか？（2歳2ケ月）

A： たしかに、子どもは共感されると泣き始めます。泣かれると、親は抱いてよしよしすることを余儀なくされます。それはよくないことでしょうか？

周囲に迷惑をかけてしまうという点では、よくないことと思われがちですが、子どもの発達ということを考えた場合、それは必要なことです。

共感してもらえることで、安心して泣きやすくなり、抱いてもらっておさまっていくことを通して、「安心・安全」の状態が生み出されていきます。そのことが、将来的な、不快感情制御の力の基礎を育てます。だから、泣くことは大事なことなのです。

もちろんその場の状況によります。それほどのダメージのない転び方の場合もあるでしょうし、けがをしている状況の場合もあるでしょう。ちょっとした転び方のときに子どもがけろっとしていれば、それでいいわけですが、子どもが大げさに痛い痛いと叫ぶこともあるでしょう。いかにも抱っこを求めているということが見え見えということもあるでしょう。そういうときのために、日本には「痛いの、痛いの、とんでけー」というすばらしい策があります。

「痛くない、痛くない」という場合と、「痛いの、痛いの、とんでけー」は、ともに「たいしたことないから大丈夫」ということを伝える目的で使われることばですが、方向性は反対です。

「痛いの、痛いの、とんでけー」は、子どもの痛いという訴え、つまり〈いやいや脳〉の主張をいったん承認しているのです。そのうえで「とんでけー」なので、自分の〈いやいや脳〉の機能は否定されていません。たいしたことのない状況での子育ての知恵ですね。当然のことながら、深刻なけがの場合には、その痛みに共感していないことになりますから不適切です。

私が路上で遭遇《そうぐう》した場面です。

自転車の前の子ども用いすに子どもを乗せていて、ママは自転車をとめた状態でした。ふとしたすきに、自転車が倒れてしまい、子どもはそのまま自転車とともに倒れました。

自転車とともに起き上がった子どもは一言も声を発せず、目が泳いでいる状態で、そのまま自転車に座っていました。たまたま通りすがりの私は、散乱する荷物などを拾うことを手伝いながら、目が泳いでいるお子さんの状態を見て、思わず「お母さん、抱っこしてあげて」と言ってしまいました。ママにしてみれば、知らないおばさんからのよけいなお世話という状況なので、「泣いてないから大丈夫です！」とおっしゃって、そのまま立ち去っていきました。

この状況で、ママが「あー、こわかったねえ。痛かったねえ、ごめん、ごめん」とお子さんを抱き上げたなら、子どもは、「ギャー！」と泣き始めます。しかしそれこそが、絶対的に必要なことなのです。

急に自転車が倒れたのですから、子どもは恐怖を感じています。恐怖のあまり、フリーズ（感情や感覚が固まる）してしまっているということは、声を発することなく目が泳いでいる様子でわかります。この状態のままにするということは、心が「けが」をした状態のまま放置するということになるのです。

それは将来の恐怖症や、ＰＴＳＤの源《みなもと》を作ることにつながります。ママが「共感」を示して、「こわかったたねえ、痛かったたねえ」と言えば、安心をもたらす共感に反応して、〈いやいや脳〉のフリーズが解けて泣くことができます。

その泣きがママの腕の中でおさまることを通して、「安心・安全」の状態にもどることができ、そのことによって、のちに影響するような心の傷にならずにすむのです。だから、子どもにとっては、ちゃんと抱っこされて泣くことが重要なのです。ママとくっつくこと、スキンシップが、子どもに安心感をもたらすのです。

〈その5〉怒りの役割

Q&A 5 かんしゃくを「安全」に起こさせてあげるという発想

Q： 少しでも気に入らないことがあると、ひっくり返ってかんしゃくを起こすので、どうすればいいのかほとほと困っています。ズボンをはきたくないとか、お風呂に入りたくないとか、ごはんにしょうゆをかけたいとか、パジャマに着替えたくないとか、ひっくり返って足をばたつかせて、暴れます。

ことばで言ってきかせてもわからない段階ですし、かといって、言いなりになっていると生活がまわらないので、親のほうが泣きたくなってしまう毎日です。（1歳11ケ月）

A： この時期のかんしゃくは、〈いやいや脳〉が発達してきたからこそ生じるものです。まだ〈いやいや脳〉と〈おりこう脳〉とのバランスがとれないので、理屈でおさめることもできない時期です。

ほんの少し「自我（自分はこうしたいという気持ち）」が育ちはじめた1～2歳の子どもは、こうしたいという欲求をもてるように発達した分、思い通りにならないと、〈いやいや脳〉から怒りのエネルギーが放出されます。

この年齢の子どもの「こうしたい」は、大人の了解の得にくい欲求です。

単に、裸でいたいとか、しょうゆがしょうゆ差しから出てくるのを見たいとか、ティッシュの箱からティッシュが出てくるのを何度でもやってみたいとか、くつをはきたくないとか……ご質問のとおりですよね。でもその欲求は、知的好奇心や主体性の源になる大事な心性です。

かんしゃくの多いお子さんというのは、元気エネルギーの多いお子さんです。だから扱いにくいのですが、パワーがあるので、将来楽しみでもあります。

まず、こういう状態はいっときであるということ、かんしゃくを起こすこと自体は悪いことでもなんでもないということを知っておくことが、悪循環にならないために重要ですね。その上で対応するためのコツは、「安全にかんしゃくを起こさせてあげる」ということです。
必死にかんしゃく起こしている子どもの状態は、あちこちに頭をぶつけそうで、みさかいのない状態になっているので、危ないですよね。だから、親は必死にそれを止めようとすることになります。止めようとするときに、ついつい理屈を言ってしまうものです。

「パジャマ着ないと風邪ひいちゃうんだよ」「ズボンはかないと恥ずかしいよ」など、そう言ってもわからない段階だということは知りながらも、そういう声かけをしがちです。

子どもはことばの意味や内容はわからなくても、雰囲気として、自分の主張が受け入れられていないということはわかります。そして、もっと暴れます。なかなかおさまらないと、親が子どもに恐怖を与えることでおさめてしまうことも生じますが、それは悪循環へと導きます。

これまでのところでもお伝えしてきたように、気持ちに共感してもらえると、〈いやいや脳〉から安心感が出てきて、おさまりがよくなるのです。だから、「パジャマ着たくないんだよね。だから、怒っているんだね」と声をかけてみてください。意味はわからなくても、〈いやいや脳〉はわかってくれていると感じることはできるのです。

そして、ひっくり返った勢いでけがをしないように、安全対策だけを考えます。家であれば、頭をぶつけそうなところにクッションをおくなど。そして、安全にかんしゃくを起こさせてあげてください。そういう大人の側のゆとりが、子どもに安心を感じさせて、おさまりが早くなります。

興奮状態がちょっとおさまったところで、抱き上げて、水を飲ませて、「いやだったんだよね」と共感的な声かけをします。このような関わりをしていくことで、欲求不満場面でも「安心・安全」の状態が維持できるようになり、学齢期になったときにはかんしゃくを起こさないようになります。

ところが、1～2歳の段階で悪循環が生じてしまうと、学齢期になっても、かんしゃくが続いてしまうということが生じます。学齢期になってからのかんしゃくは、きれやすく暴言を伴うものになります。

悪循環には、2つのパターンがあります。

1つには、かんしゃくに対して、叱責《しっせき》を与えた結果、子どもがその叱責に反応してさらに激しいかんしゃくを起こすということを繰り返すパターン（図3／24頁）。

もう1つには、かんしゃくに対して、叱責を与えた結果、親の前ではおりこうになってかんしゃくを起こさなくなったが、保育園や学校などで、かんしゃくを起こしたり、いじめやいじわるをしたりするというパターン（図4／26頁）です。

いずれにしても、かんしゃくを叱責するという対応が、悪循環を招きます。〈いやいや脳〉は、安心を与えられないと、パニックになるからです。

かんしゃくは元気の印《しるし》、命を守るための〈いやいや脳〉がちゃんと発達している証拠です。ゆとりをもって、「安全にかんしゃくを起こさせてあげる」というつもりで見守ってあげると、抱き上げるタイミングを見つけることができます。子どもが両手をあげたら、抱っこするタイミングです。
抱き上げたら水を飲ませましょう。水分が補給されることで、脳みその中の情報が流れやすくなり、おさまりがよくなります。そしてかんしゃくがおさまったら「かんしゃく、ごくろうさまでした。お疲れさま」という気持ちで「チュッ」です。

大人になったときに、きちんと「怒り」の感情をもつことができるということは、自身の人権を守るためにとても重要なことです。人権侵害を受けたときに、そこでちゃんと「怒り」の感情が喚起されることで、「怒る」という反応ができるように、子どもを育てる必要があります。暴力やいじめを受けたとき、そのことに対してちゃんと怒ることができること、それはとても重要な〈いやいや脳〉の機能なのです。

〈いやいや脳〉の役割を理解するために、すばらしい映画があります。「インサイド・ヘッド」（Pete Docter 監督、ディズニー／ピクサー、２０１５）というディズニーのアニメ映画です。脳みその中の、ヨロコビ（喜び）、カナシミ（悲しみ）、イカリ（怒り）、ムカムカ（吐き気）、ビビリ（不安・恐怖）の感情5人が、少女の記憶と行動に影響を与える様子が描かれています。

もちろん感情を擬人化したファンタジーですが、感情の脳機能を正しくふまえて制作されたものですので、不快な感情の役割を楽しく理解できるすぐれた映画です。

カウンセラーママのつぶやき①

離乳食をなかなか思うように食べてくれなくていらいら、がっかりしたことも

……………山下里沙

子育ての中で、赤ちゃんの食事のことに頭を悩ませるお母さんは多いのではないかと思います。私もその中の1人です。

私の娘は今1歳半です。最初の1ケ月は順調に体重が増えていたのですが、4ケ月健診のときに、保健師さんから2ケ月目以降の体重の増加が少ないと指摘され、そのときから今までずっと定期的な病院での身体測定と健診が続いています。

生後5ケ月から離乳食を始め、離乳食がうまく進めばグンと体重も増えていくのではないかと期待を抱いていましたが、娘は離乳食にあまり興味をもってくれませんでした。せっかく手間ひまかけて作った離乳食を食べてもらえず、いらいらしたりがっかりしたり、どうにか食べさせてなんとか体重を増やさなければとむきになったりして、私は食事の時間が憂うつに感じてしまっていました。

一方で、体重を増やすことがそんなに重要なことなのだろうか、今は食べなくてもそ

のうち食べたくなるだろうし、焦る必要はないのでは？　と自問している自分もいました。食事のたびに葛藤し、こんな調子でちゃんと育ってくれるだろうかと不安になりました。

ですが、振り返ってみると食事のときに必死になって「今日はしっかり食べさせよう」と意気込んでいると食べてくれず、逆に「もう今日は食べても食べなくてもいいや」と諦めているときのほうがパクパク食べているように感じられました。

やはり私がピリピリした空気を出していることが一番食事が進まなくなる要因なんだなと実感しました。

そう思ってからは、食べた量が少なくても、どうしても娘の気分が乗らないようなときには早々に諦《あきら》めて片づけるようにしていきました。いつまでも食べさせようと粘っていると、私も娘もストレスになるだけで、結局食べる量はあまり変わらないからです。

今は、たくさん食べる日もあまり食べない日でも、「今日はもうこれでいい！」と割り切れるようになりました。

子どもの成長がちょっと遅れていたり平均からずれていたりすると、自分が母として感じる「この子はこれでいいのだ」という感覚を信じていいのか、今のままのやり方を通していいのか、すごく揺らぎます。正直、私自身、今でも娘が小柄であることが気にならないわけではありません。できることなら平均くらいに追いついてほしいと思ったりもします。

でも、毎日元気に動き回り、ニコニコと笑顔でいる娘を見ていると、私はとにかくこの笑顔を守ることが第一なのだと再認識するのです。

きっと、どの家庭でも赤ちゃんを笑顔にする力を一番もっているのはお母さんなのだと思います。この先もいろいろなことを心配したり悩んだりすると思いますが、目の前にいる娘の笑顔と成長する力を信じて、私も母として成長していければと思っています。

今、娘はぬいぐるみに食べさせる「ごっこ遊び」がブームで、食事の時間にはお気に入りのぬいぐるみに囲まれて、自分が食べたり食べさせる真似をしたりしながら、ゆっくりゆっくり食事をしています。

第 3 章

子どもはどうやって「ことば」をおぼえていくのか

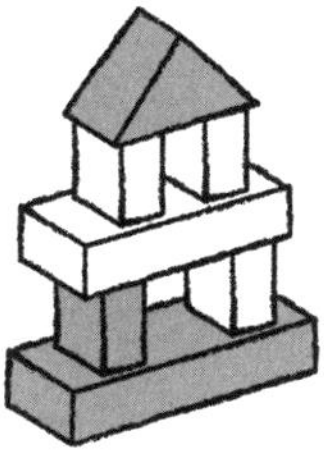

「わたし、うれしかったの」と言えるようになるプロセス

子どもが「わたし、うれしかったの」と言えるようになるのは、3歳と言われています。子どもが、自分が体験した感情をことばで伝えることができるようになるプロセスを、「感情の社会化」と言います。

感情がことばとつながることによって、「わたし、うれしい」「わたし、かなしい」と言えると、その感情を他者が理解できるようになるからです。

かんしゃくを起こして手足をばたばたしている子どもに、「口で言って」「口で言ってくれなきゃわかんない」と思わず言ってしまうことがあるかもしれません。私たちは、感情をことばで言うことが大事という感覚をみな共有しています。

では、子どもはどのようにして、自分の感情をことばで言えるようになるのでしょうか?

2歳くらいの子どもを、ブランコに乗せてうしろから押してあげると、きゃっきゃっと大喜びしますね。風が気持ちよくて、お空がゆれて、ふわふわした気分で

大喜びです。そんなとき、ママ・パパは自然に「うれしいねえ」「たのしいねえ」と声をかけることと思います。

ここでは、子どもの身体の中を流れている喜びのエネルギーを、ママ・パパが感じ取って、それをことばにして返すというコミュニケーションが自然に営《いとな》まれています。それによって、自分の身体の中を流れている身体感覚〈いやいや脳〉の機能と「うれしい」「たのしい」ということば〈おりこう脳〉の機能が結びつくという学習が生じます。

日常の中の親子のコミュニケーションを通して、自然と3歳くらいになると、「わたし、うれしかったの」とお話しすることができるようになります。それは、それまでの3年間の人生の中で経験している「うれしい」身体感覚を、ママ・パパが「うれしかったね」と共感してくれてきたからこそ、獲得した能力なのです。

2歳の子どもが、お砂場で一生懸命トンネルを作っています。もくもくと夢中になって穴を掘って楽しんでいたところで、ほかの子がやってきてスコップをかりてもっていってしまいました。スコップがなくなったことに気づいたその子は、さあ、大変。大暴れで砂をまきちらして怒りを表出しています。

こんな場面で、日本のママ・パパはどんなふうに声をかけるでしょうか？

多くの場合、「もう泣かないの」「怒らないの」「こっちのスコップ使えばいいでしょう」「みんなで仲良く遊ぶの」などの声かけをすることで、感情をおさめさせようとすることでしょう。

私たち日本人は、たとえ幼い子どもであっても、自分の怒りを主張することを歓迎しない傾向が強く、他者の気持ちを考えて自己調整できること、すなわち「思いやり」をもてるということが重視されます。

しかし、ことばで感情が社会化されるためには、「くやしかったねえ」「いっぱい怒ったね」「いやだったんだもんね。怒ったんだもんね」と、子どもの身体感覚を大人がくみとって先に言語化してあげるというコミュニケーションが必要なのです。

「うれしい」「たのしい」などのポジティヴな感情については、「うれしかったね」「たのしかったね」と自然に言えるのに、「怒り」「悲しみ」「不安」などのネガティヴな感情が生じている場面では、「泣かないの」「怒らないの」「いやなことなんかないよ」と応じることが多くなりがちです。

「感情の社会化」をうながす親子のコミュニケーションは、子どもの〈いやいや脳〉と〈おりこう脳〉をつなげる仕事をしています。身体からわきあがる感情〈〈いやいや脳〉の機能〉と、「うれしい」「たのしい」「かなしい」「怒ってる」「くやしい」ということば〈〈おりこう脳〉の機能〉とがつながって、はじめて、「わたし、うれしかったの」「ぼく、くやしかった」とお話しできるようになるのです。

それでは、次に子どもがことばで言えないことで生じる困った場面に関するご質問に答えながら、感情の社会化を促すコミュニケーションをどのように行っていくかをお伝えしたいと思います。

Q&A 6

こんなとき、どんな声かけをすればいいの？
子どもが頭を床や壁にぶつける

Q： 遊んでいるおもちゃを、他の子にとられると、頭を床や壁にうちつけたり、いきなりそっくり返って、大泣きします。きっとくやしいんじゃないかとは思うのですが、「頭ぶつけないで」「頭ゴンゴンだめだめ」と言っても、おさまりません。（１歳３ケ月）

A： こんな小さな赤ちゃんが、自分で頭を床や壁にゴンゴンぶつけたりすると、ママもどうしていいかわからず、びっくりしてしまいますよね。
でも、この「頭ぶつけないで」「頭ゴンゴンだめだめ」という声かけは、〈いやいや脳〉に「だめ出し」していることになるので、もっと激しくなってしまうのです。

まず、しっかり抱きしめましょう。そして「くやしかったね」「積み木貸したくなかったんだよね」「赤い積み木、大事大事だったのね」などと、子どもが「いやだ」と思うその感情を、しっかり認めてあげることが必要です。しかし、このように自傷が生じてしまっている段階だと、すぐに抱き上げることが困難な状態になっているかもしれません。

おもちゃがなくなって、わーっと泣き始めたところで、ママをたより、ママに抱かれ、その気持ちに共感してもらう声かけが得られていると、自分の身体を傷つける行為は起こりません。

自分の身体を傷つける行為が起こるということは、すでに、赤ちゃんが自分の「いやだ」の気持ちは誰にも抱きしめてもらえないと感じているということです。そのため、〈いやいや脳〉から不快なエネルギーがあふれてきている場面で、ママの腕の中に飛び込めず、自分ひとりでなんとかしようとする行為として、自分の身体を傷つける行為が生じます。

だから、ママのほうが怖がらずに、パニックになっているお子さんをしっかり抱きしめましょう。ママが体を張って、床や壁にぶつからないように、子どもを守るのです。自分の不快な気持ちを、ママに受けとめてもらえるという安心感があれば、ママの腕に飛び込むことで、自分の気持ちをおさめようとするようになります。

このような悩みをもつママたちは最近多いのですが、先輩ママ友から、「放っておくと、そのうち治るよ」とアドバイスされ、放っておいたら、ほんとにそのうち治った、ということがよくあります。子どもは成長し、適応するので、「自分の『いや』の気持ちは誰にも抱きしめてもらえないんだ」という環境にも適応します。その結果、ほどなく自傷は消えます。しかし、この適応は、良い適応ではありません。

ことばで子どもを制するのではなく、抱きしめましょう。それが3歳になったときに、ことばで自分の感情を言える力につながるのです。

Q&A 7

こんなとき、どんな声かけをすればいいの?

ウソ泣きする

Q: うちの子は1歳2ケ月になったところですが、8ケ月くらいからウソ泣きするようになりました。おなかがすいているとか、痛いとか、寒いとかそういうことで泣くのはわかるのですが、ただ甘えたいだけとか、なんとなく不機嫌なときとか、かまってほしいとか、別に身体的な欲求があるわけじゃないのに、泣くのはウソ泣きだと思うんですけど、どうしたらいいのでしょうか?(1歳2ケ月)

A: このご質問は、月齢があがってくると、成長にともなって、いろんな泣き方が現われるということを教えてくれています。乳児期の初期のころは、おなかがすいているとか、おむつがぬれて気持ちが悪いとか、暑い・寒いとか、そういう身体的・生理的な欲求としての泣きがほとんどです。

しかしながら感情が発達してくると、ただ甘えたいだけとか、なんとなく不機嫌とか、かまってほしいとか、そういうママとの関係を求めて泣くという泣き方が生じてきます。これはウソ泣きではなくて、発達してきたということです。〈いやいや脳〉も、発達とともにより複雑な欲求を表現するようになるのです。「本当のウソ泣き」ができるのは、もっともっとずっと大きくなって、〈おりこう脳〉が発達してからです。

ご質問は、身体的・生理的な泣きに対しては、その欲求を満たしてあげればよいけれども、甘えたいとか不機嫌とか、かまってほしいとか、そういう泣きに対して、どのようにしたらよいのかわからないということなのだと思います。

乳幼児にとって、泣きはコミュニケーションなのです。甘えたい気持ちで、「えーんえーん」と泣いているとき、ママは直観的に、これは甘え泣きだなということがわかりますよね（それがわかるからこそ、「ウソ泣き」と感じたわけです）。

甘え泣きだなとわかったら、「あなたの甘えたい気持ち、ちゃんとわかっているよ」ということを伝えます。「甘えたいんだよね。ママにくっつきたいんだよね」という感じです。

〈いやいや脳〉は、共感してもらえることで安心して、おさまりが早くなるのです。〈いやいや脳〉からあふれてきているエネルギーを、ことばにおきかえてあげます。「ぐずぐずな気持ちなのよね」「ママと遊びたいんだよね」。子どもの訴えの気持ちを承認します。

気持ちを承認するということと、子どもの言いなりになることとは違います。手が離せないときには、共感しつつ、放っておくということも必要なことで、すぐ抱くのか、声かけしながら泣かせておくのか、どっちがいいのかは、ママの勘で判断します。

たとえば夕ごはんを作ろうとすると、ママにかまってほしくて泣く。泣かれるとママはごはんが作れない。ずっと一緒に遊んであげなくちゃいけないような気分になるなら、それは子育てが重労働になってしまいます。

夕ごはんを作らなくちゃいけない時間には、ごはんを作ります。

ちゃんと生活をまわすということは、とても大事なことです。台所は危険ですから、ママの姿が見える場所に、ベビーサークルをおいて、その中に入れておくなどの工夫をして、ごはんを作ります。

すると、赤ちゃんは「かまって」泣きをするかもしれません。ママの顔を時々見せながら、「ママはごはん、作ってるよ」「遊びたいんだよね、待ってるの、いやなんだよね」と声かけしながら、子どもにぐずり泣きをする自由を与えるということも大事なことです。

泣かせちゃいけない、泣きやませなくちゃいけないと思いすぎないほうが、適度に泣いて、自然に泣きやむことができる状態になります（子どもの泣きに過度に反応してしまうママについては、第6章で扱います）。

子どもの泣き方によって身体が表出しているメッセージを、ママがくみとって、ことばにしてあげるというコミュニケーションをしていくことが、感情の社会化をうながし、年齢相応の感情コントロールの力を育てていきます。

Q&A 8

こんなとき、どんな声かけをすればいいの？

「ねむい」のに「いたい」と言う

Q：なんでもかんでも「いたい、いたい」と言うので、困っています。たとえばねむくてぐずっているんだろうなと思うようなときでも、「いたい」と言うんです。なにもいたいようなことはないのに。だから「いたいじゃないでしょ」と何度も教えているんですが、直りません。（1歳11カ月）

A：この年齢では、口から出てくることばと子どもが言いたいこととが一致していないことがたくさんあります。ことばを覚えている最中だからです。

Q＆A7「ウソ泣きする」（70頁）では、泣き方そのものが、子どもからのメッセージであるということをお伝えしました。子どもがなにを表現したいのかをもっともよく表わしているのは、子どもの身体《からだ》からのメッセージです。

ご質問では、「ねむくてぐずっているんだろうなと思うようなとき」とあります。ママがそういうふうに観察したということは、お子さんはねむい状態にあるということです。この年齢の場合、単に音や概念が似ていることばを覚えまちがいすることもよくあります。「ねむい」と「いたい」も、ともに抱っこを求めるシチュエーションですから、まちがっても不思議ありません。

ですから、ママは「いたい」と言われても、その状況からねむいんだなと判断して、「ねむいんだねえ」と言いながら抱き上げて、「ねむい、ねむいねえ」と言ってあげればいいのです。

その体験によって、ねむい身体感覚は、「『ねむい』ということば」におきかえられ、「『いたい』ということば」とのつながりは修正されます。「いたいじゃないでしょ」と〈おりこう脳〉の機能としての修正をかけても、それはまだ理解できないのです。自分の身体感覚とつなげたことばを与えるという感情の社会化のプロセスによってことばを学習します。

ご質問の場合、「なんでもかんでも、『いたい、いたい』と言う」とあります。そのような場合には、たとえば、お子さんが「いたい」と言ったときにママがすぐに抱っこしてくれたというような経験があって、ママに抱っこしてもらいたいときには「いたい」と言えばいいのだと学習したというような背景があるかもしれません。

つまり、「抱っこして」というかわりに「いたい」と言うというようなことが考えられます。「抱っこ」と言っても抱いてもらえないけど、「いたい」と言えば抱いてもらえるとしたら、子どもは抱いてもらいたいときには「いたい」と言うようになります。

ことばは、体験を通して学ぶのです。このような場合は、「いたい」という訴えの裏にある欲求をくみとって、それをことばにしてあげることで、ことばを覚えていきます。

身体感覚をことばにつなげることが、〈いやいや脳〉と〈おりこう脳〉の間の回路を育て、小学校に入学するころには、ことばによる制御が入るようになるのです。

Q&A 9

こんなとき、どんな声かけをすればいいの？

「おしっこ出ない」と言ったのに結局もらす

Q：2歳すぎたので、トイレットトレーニングを始めようと思い、おむつをはずしました。おしっこをがまんしているようなモジモジした様子が見えるので、「おしっこ出る？」と聞くと「出ない」って言うんです。だから、そのまま様子を見ていると、結局、ジャーっともらしてしまうんです。「だから、出る？　ってきいたでしょ」と言っても「出ない、出ない」と言いはって、かんしゃくを起こします。（2歳1ケ月）

A：このご相談者の場合も、まず、子どもの身体感覚の表現が、子どもからの正しいメッセージだということです。「おしっこをがまんしているようなモジモジした様子」があれば、それは「おしっこ出る」ということです。まだこの年齢では、自分の身体感覚とことばがちゃんとはつながっていないのです。

ですから、こどもが「出ない」と言っても、「おしっこ出ますよー」とトイレに連れていって、「おしっこ出るよ、しーしーしー」とやさしくうながします。

そのようなことを繰り返すことを通して、おしっこが出そうになる身体感覚と、「出るよ」ということばがつながり、自分の意志として、いずれトイレにいくかいかないかを判断できるように育つのです。


トイレットトレーニングでは、子どもの身体表現からおしっこが出るタイミングを親がキャッチして、そこで「おしっこ、しーしー」とことばとつなげていくこと、あるいは、ジャーッと実際におもらししてしまったときに、「おしっこ出たね。しーしー出たね」とやさしく声かけすることで、尿意という身体感覚とことばがつながることをうながしていきます。

その際、叱責されることにより恐怖が伴うと、身体感覚とことばはつながりにくくなりますから、やさしく声かけすることが重要です。

〈おりこう脳〉が発達している私たち大人は、ことばのみのやりとりで生活していきます。だから、子どもとのやりとりにおいても、子どもが「出ない」と言ったら「出ない」のだと思ってしまい、ご相談のような状況が生じるのでしょうが、この年齢の子どもの発達状態ではまだ理解できないのです。だからかんしゃくにつながります。

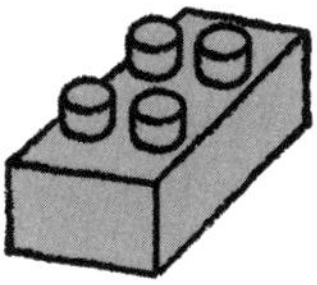

Q&A 10

こんなとき、どんな声かけをすればいいの？

「死ね死ね」を連発する

Q： なんでもかんでも「いや」と言うようになり、いよいよ「いやいや期」かと、覚悟はしているのですが、「いやいや」ではなく「死ね死ね」を連発するので、とても困っています。「そんなことば、言っちゃだめ！」とつい叱ってしまうのですが、ひどくなる一方です。（2歳8ケ月）

A： 子どもが「いやいや」にしても「死ね死ね」にしても、そう叫んでいるときというのは、「身体の中に不快がいっぱいです」ということを大人に伝えています。

感情の社会化がなされるためには、自分の身体の中にあふれてくる不快感情を、適切に共感して言いあててくれる大人の存在が必要なのです。

1歳台から始まる「いやいや」の場面において、その背景にある不快感情やそれにともなう身体感覚が、承認されことばを与えられることによって、〈いやいや脳〉が安心を得て、感情は制御されます。

「いやいや」が「死ね死ね」といった暴言になっている場合には〈いやいや脳〉からあふれてくる不快感情が、なんらかの理由により承認されない環境で育ってきてしまっているということを意味しています。

出てきちゃいけないと言われた不快感情は、〈いやいや脳〉の中に、ぎゅっと圧縮されて抑え込まれています。それが暴走するときの身体感覚に一致する感覚が、「死ね」ということばとむすびついてしまうことで、このようなことが生じます。本来なら、それらの感情は「怒っている」「かなしい」「さみしい」「くやしい」「がっかり」「びっくり」などと共感されることにより、ことばとして分化していきます。

しかし、子どもが泣いたりぐずったりしているときに、たたかれたり、無視されたり、恐怖を与えられたりすることで、感情をおさめることを求められてきた場合、一度封印された不快感情の塊が、「死ね死ね」ということばととももに、暴走することになります。けれども幼児期であれば、いまから対応を変えることにより、修正することができます。

「死ね死ね」と言っている状況で、子どもが訴えたいほんとうの気持ち、身体感覚を把握します。ねむいのかもしれません。積み木をとられて怒っているのかもしれません。ママに抱っこしてほしいと言っているのかもしれません。それらを大人が先につかむことが重要です。子どもの身体感覚としての不快がなんなのかを大人がつかむのです。そして、その感情に共感し承認します。

抱っこできない場合は、手をにぎる、頭をなでる、背中をさするなどのスキンシップとともに行います。スキンシップは、身体感覚として安心・安全を感じさせるためにとても重要です。

自分の身体からわきあがってくる不快と、正しいことばの表現がつながり、そのことばを使うことで自分の思いが承認されるという経験を積むことで、まちがったことばとのつながり「死ね死ね」は解除されていきます。

カウンセラーママのつぶやき②

「おもちゃ貸して〜」「やだ〜」「もっと遊びたい〜」どれもみんな大事な気持ちとわかって

……………五島彰子《あきこ》

私の子どもはもうすぐ6歳。一緒に公園や遊び場に出かけると、いろんな親子と出会い、遊びを通して、楽しい時間を過ごすことができます。子どもが私のそばから離れて、はじめて会ったお友だちと仲良く笑顔で遊んでいる姿を見ると、成長を感じてうれしくなります。

一方で、子どもたちが遊具やおもちゃの取りあいをして、泣いたり、怒ったりというやりとりも起こります。とても子どもらしい賑《にぎ》やかな時間ですが、親の私は気疲れしてしまう時間でもありました。

先日、数台の三輪車のある遊び場へ行きました。三輪車で楽しく遊んでいたわが子は、他の子に「貸して」と言われても、三輪車を貸してあげることができず、三輪車に乗って逃げ回ったり、私に「貸したくない」と助けを求めてくることがありました。三輪車を貸してもらえず、泣きそうな表情をしている子どもに、その子のお母さんは「他のもので遊んだらいいじゃない」と泣かないように言い聞かせていました。

今度は別の子どもが、私の子どもから三輪車を取り上げました。私の子どもが「まだ乗りたいのに」と泣いてしまうと、取り上げた子どものお母さんは「お友だちを泣かせてはだめ」と三輪車を返すように説得をされました。


この遊び場にいる子どもたちは、どの子どもも三輪車で遊びたい気持ちでいっぱいです。それでも泣かないように、がまんするようにと言い聞かせている様子を見ると、私の子どもにもがまんさせたほうがいいのかなと迷い、迷惑をかけているのだろうか？と気疲れしてしまっていたのです。


わが子の「もっと遊びたい」という気持ちよりも、他の子どもやその親の気持ちを気づかい、優先することがこの場ではスタンダードになっているように見えました。

そのため他の子どもたちが「貸～して」、「い～いよ」と快く貸し借りをしている場面に遭遇すると、そんなふうにできる子どもを羨《うらや》ましく感じたこともありました。でもわが子にそれを求めたいわけでもありませんでした。

なぜならば、子どもがすぐにおもちゃを貸せないことについては、その子どもの大事な自己主張のひとつだと思うようになったからです。そのことで他の子どもたちと感情的なやりとりに発展しますが、そうやって社会性を育んでいく時期なんだろうと考えると、私自身、余裕がもてるようになりました。

まわりから見れば、自分の子どもだけを大事にしているように見えるかもしれません。それでも、私は子どもの感情は「良い・悪い」で評価せずに大事にしたいと思っています。それと同時に、まわりの子どもたちの「貸したくない」「(自分だけが)もっと遊びたい」という気持ちも大事にしたいと思っています。

「○○ちゃんが貸してくれない!」と親の私に訴えてくる子もいるので、そのときは「○○ちゃんが貸してくれなくて、怒ってるんだよね」と言いながら、怒っている気持ちをもっていてもいいんだよということを表情や言葉で伝えるようにしています。気持ちと気持ちのぶつかりを生みますが、どれも何ひとつ間違った気持ちではないと受けとめたうえで、子どもにお友だちとのルールを伝えたり、できそうなところからアドバイスしたりすると、自分で考えて行動ができることも増えてきました。

子どもの成長は絶え間なく続いていくと信じて、見守っていきたいなと感じています。

第 4 章

どうやってしつけをすればいいのか

しつけの方法とプロセス

多くの人が「しつけ」を「叱ること」と誤解しているように思います。しつけとして体罰を行うことを必要なことと考える人もいれば、叱って泣かせることに抵抗があるのでしつけが困難と考えている人もいます。

確実に言えることは、「恐怖」を与えて子どもをコントロールすることは「しつけ」ではないということです。それは「支配」です。子どもを恐怖で支配すればおとなしくなりますが、それは子どもを壊すことでもあります。

「しつけ」とは、子どもが「自律＝自ら律する」力をつけることを導くことです。支配は「他律」です。「自律＝自ら律する」とは、年齢相応の発達の中で、〈おりこう脳〉と〈いやいや脳〉が折り合いをつけることを学ぶことです。

ですから、第3章でお伝えしてきた、感情の社会化をうながす関わりを日常的に行っていくということが、しつけをしていくための前提となります。自分の〈いやいや脳〉の機能を認めてもらって、安心している状態がなければ、〈おりこう脳〉

の機能は発揮されないのです。恐怖を与えることで子どもをコントロールすることは、子どもが幸せになる方向とは逆の方向性をもつものです。

しつけとは、叱ることではなく、守るべき「枠組み」を示すというところから始まります。例をあげながら、「しつけ」のプロセスを説明していきましょう。

次頁の図６に、しつけのプロセスを示しました。

宅配便がきて、開けてみるととってもおいしそうなアイスクリーム！

案の定、２歳の子どもが見つけると、すぐ「食べる、食べる！」と大騒ぎです。ママは夕食準備中。いまこれを食べたら、それだけでおなかいっぱいで、夕食は食べないだろうことは目に見えています。しつけの「枠組み」とは、子どもの命と健康を守るための制限のことを意味します。

次の①〜⑤の番号は、図６の①〜⑤を示しています。

①　ママは、「アイスはごはん終わってから食べようね。もうすぐごはんね」とい

図6　「しつけ」のプロセス

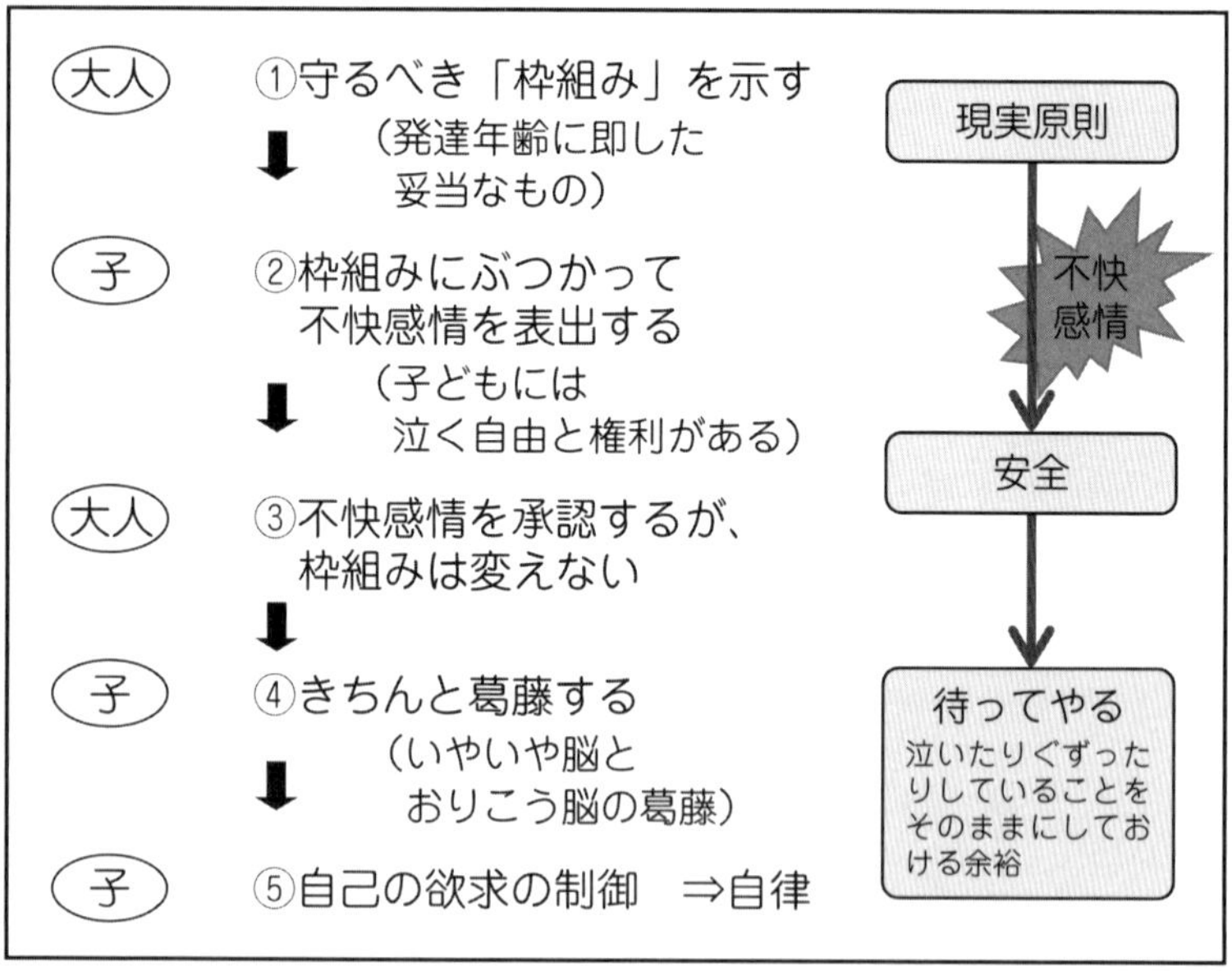
大人
①守るべき「枠組み」を示す
（発達年齢に即した
妥当なもの）
子
②枠組みにぶつかって
不快感情を表出する
（子どもには
泣く自由と権利がある）
大人
③不快感情を承認するが、
枠組みは変えない
子
④きちんと葛藤する
（いやいや脳と
おりこう脳の葛藤）
子
⑤自己の欲求の制御　⇒自律
現実原則
不快
感情
安全
待ってやる
泣いたりぐずったりしていることをそのままにしておける余裕

う枠組みを示します。

②　子どもは「いやだあ……いま、食べるぅ！」と大泣き、かんしゃくです。食べたいという欲求は〈いやいや脳〉のパワーです。元気だからこそあふれてくる欲求です。その欲求自体は、生きる力なのです。でも、健康を守るためには、ここでは制御が必要です。

③　そこで、ママは「アイス、いま、食べたいんだよね。ママがだめって言ってるから、怒っているのね。食べられなくて、残念だね」「ごはん終わってから食べるんだよ」とやさしく伝えながら、思う存分、安全に泣くことを許します。そして感情は認めつつ、枠組みを守るということに徹します。

枠組みを守るとは、いまアイスは食べさせないということです。安全に泣いていることを確認しながら、いそいで夕食作りを進めます。

④　「食べられない」というママが設定した枠組みは、認知情報ですので、それは

〈おりこう脳〉からの制御となります。

〈いやいや脳〉からは「食べたい！」、〈おりこう脳〉からは「いまは食べられないよ」という情報が流れます。「食べたい！　食べられない」というその葛藤が、安全な関係性の中で行われるということが、重要なのです。

泣いていることを叱り、恐怖を与えてしまうと、恐怖によって〈いやいや脳〉はフリーズして静かになりますが、それは単にフリーズしているだけで、〈おりこう脳〉との情報交換をしなくなってしまうのです。その結果、感情コントロールの力が育たないことになります。

⑤　ひとしきり、泣くことが許可され、その残念な思いやいらいらの気持ちをママやパパにやさしく承認してもらっていると、しだいに、いまは食べられないという現実に適応するように調整されていきます。
幼児のうちはそこですぐに気持ちは切り替わりませんから、泣きのパワーの波を見定めて、いいタイミングで抱き上げて、涙をふいて「よしよし」してやります。そして、夕食を食べさせます。

大事なのは、それなりに夕食を食べたなと思うところで、ちゃんとデザートのアイスクリームを食べさせるということです。それにより、子どもは「終わってからね」ということばの意味をはじめて理解します。

そして、どんなに大泣きしてかんしゃくを起こしたとしても、夕ごはん前にアイスは食べずにがまんしたと評価してやることが重要です。「泣いてごねて、親に迷惑をかけた」から、「がまんしていない」と大人は思いがちですが、泣いたことの罪が問われないことが必要なのです。

不快な気持ちを受容したら、わがままになると思う方も多いところですが、図6（90頁）の枠組みを変えないことができるかどうかが、親に問われているところです。泣かれることに耐えられず、泣きやませるためにアイスを与えてしまえば（枠組みを変えてしまえば）、それは確実に「わがまま（＝「ごね得」を学習する）」になります。

不快な感情、〈いやいや脳〉からの欲求パワーは承認するけれども、枠組みは変えないという関わりによって、〈いやいや脳〉は安全を与えられ、〈おりこう脳〉の機能が育つのです。

しつけの枠組みとは

子どもが言うことをきかないとき、いやといってごねているとき、はたしてこれは、叱るべきことなのか、受け入れるべきことなのか、迷うママ・パパは多いことと思います。

「しつけの枠組み」、つまり「子どもの反応がどうであろうと、親がだめを通してよいこと」は、「社会のルール」と「子どもの命と健康を守るための制限」です。そしてそれに発達段階に即した課題であるかどうかという点が、かけあわされます。わかりやすい例をあげてみましょう。

子どもがバスの中で泣いてしまいました。「バスの中では静かにする」というのは社会のルールですが、乳児が泣いている状況は、その発達段階からして当然のことです。したがって、乳児に対して「バスの中で泣いたらだめよ」というしつけの枠は成立しません。しかし5歳児になれば「バスの中では静かにする」ということを要求してよい発達段階と言えます。

１歳から４歳の間には、なにを子どもに求めてよいのかの判断に迷ったり、発達段階的に無理なのはわかっているけれども、言うことをきかないと困ってしまったりするということが起こるわけです。

２歳の子どもが青い色の服を着たいと主張し、ママは黄色い服を着せたいと思っているような状況ではどうでしょう。「青い服はだめ」はしつけの枠組みとして成立するでしょうか？

これは社会のルールではありません。命と健康を守るための制限という点ではどうでしょう？　青い服では寒すぎるから暖かい服にしなければならないということであれば、しつけとして成立しますが、単にデザインの問題であれば、もめる必要のないことです。子どもの主張を認めてあげたほうが「自我」が育ちます。このような、親の思い（エゴ）なのか、適切なしつけの枠組みなのかということは、小学生になっても重要なテーマになります。

はじめての子どもの場合、子どもの発達段階がわからないのは当然のことです。保健師さんや保育士さん、小児科医の先生などに、気軽に聞いてみるのがよいでしょう。「この月齢の子って、こういうことするのはふつうのことって思って大丈夫なんですよね?」と聞いてみればよいのです。

お子さんを見ていることで感覚的にわかることを大切にしましょう。

2、3歳児の時期は必ず終わる

2~3歳の時期というのは、子どもの個人差も大きいですし、一度でしつけをのみこむ子もいれば、何十回も同じことを繰り返さなければならない子もいます。

恐怖を与えず、辛抱強く枠組みを提示するということができたとしても、一定の時期がすぎるまで、延々と同じことを繰り返すことにもなるのが、2~3歳です。

それは、もう、覚悟するということです。寝顔のかわいさに免じて、「かならずこの時期はすぎていく」と信じて、成長を待ちましょう。

そこで待てずに、親のいらいらを子どもにぶつけることになると、悪循環が生じて、将来のさまざまな心理的問題につながってしまいます。大変なときは長く感じるものですが、幼児期に親に苦労をかける子は、いい子に育ちます。

一番よくないのは、しつけを放棄してしまうことです。子どもは自分の存在が大事にされていないことを感じとってしまいます。なぜなら、しつけの枠組みは子どもの命と健康を守るためのものですから、それを放棄されてしまうと、子どもは守られていない状況におかれてしまうからです。

この章では、しつけに関する悩みや迷いについてのQ＆Aにお答えしながら、図6（90頁）に示したしつけの方法を具体的にお伝えしていきます。

Q&A 11

どうしつけたらいいのでしょうか？

リモコンをなめてしまう

Q：テレビやDVDのリモコンが好きで、だめと言ってもなめてしまうので困っています。どうやってしつければいいのでしょうか？（9ケ月）

A：前述したように、しつけの枠をかける行動かどうかを判断するには、発達段階を考えるということが必要です。

乳児（0歳児）という発達段階は、まだしつけの枠をかける段階にはありません。触られたくないものは、大人が管理して、子どもの手の届かないところに置くことで、子どもを守ります。

乳児は、興味関心の芽生えの中で、いろいろなものをなめて確認しているのです。目の前にあるものをだめと言われて、その制御ができるようになるのは

4〜5歳以降ですから、乳幼児期は触られたくないものは、目にふれるところに置かないのが基本です。

紙をグシャグシャにすることが楽しい時期には、大事な書類は目にふれるところに置かないことが必要ですが、捨ててもよい紙を触らせるなどの工夫によって、子どもの興味・関心・意欲にこたえましょう。

大人が手にしているものに興味をもつことは、大事な意欲です。その意欲を大切にしながら、安全に満たしてあげるための工夫をしましょう。

この時期はすべての行為が、基本的な身体の動作の発達そのものです。

Q&A 12

どうしつけたらいいのでしょうか？ 別室で寝かせたい

Q：外国人のように子どもを別室に寝かせることができたら、親が寝不足にならずに自立した子になるという話を聞いたことがあって、やってみたのですが、ものすごい泣き方で断念しました。ちゃんとひとりで寝られるようにしつけたほうがいいのでしょうか？（10ケ月）

A：欧米のドラマや映画の中で、乳幼児を別室にひとりで寝かせている様子を見ると、生理的な違和感をおぼえる日本人は多いことと思います。

日本には、親子が同室で「川の字」で寝るという文化があります。どういうふうに寝るのかということは、人と人との関係性における無意識的な心理的距離感（専門的には「自我境界」と言います）を表わしており、その結果、文化が生まれています。

欧米は個人主義の国であり、乳幼児のうちから子どもは「個」とみなされています。日本は、思いやりを重視する国であり、常に他者との関係性において自己が規定される社会です。

つまり、文化が違うのに、その様式だけを真似することはまったく意味をなしません。しかも、親子の関係ということでいえば、乳幼児期に親子の愛着の関係により安心感を得ることが、感情制御の脳機能の基礎形成に関与するということは、専門家の間では世界共通認識となっています。その中で、日本文化における同室寝は評価されているのです。日本人の忍耐強さや礼儀正しさの源にあるとみなされることもしばしばです。

海外の学会では、２歳児の睡眠障害というテーマでの発表を聞きます。ひとりで寝ている２歳児は不安・恐怖と戦っているのです。

「赤ちゃんを別室にひとりで寝かせるなんてありえない」と感じるその生理的感覚を大切にしましょう。それが日本人の感覚です。

にもかかわらず、別室に寝かせたいと思う場合というのは、親がとてもとても疲れているということだと思います。注目しなければならないのは、赤ちゃんと距離をとりたいと思ってしまうほど追いつめられているという母親側の状況です。このことについては第6章で詳しく書きます。

乳幼児を別室に寝かせるということは、発達段階的にも、命と健康を守るという点からも、しつけの枠組み（従わせるべき課題）にはなりえません。別室寝が可能になるのは、小学校以降です。

別室で寝られるようにしつける、トレーニングするという発想は、そもそも子ども中心の発想ではないですよね。「親が楽になるため」に従わせる枠は、「支配」につながります。ご相談者は、お子さんの大泣きの抵抗をちゃんと受け入れることができたご自分の感覚を大切にしてください。

Q&A 13

遊び場から帰ろうとすると泣くので帰ることができない

どうしつけたらいいのでしょうか？

Q：近くに乳幼児のための遊び場があって、毎日午前中はそこに遊びにいきます。そこは12時で終わりになるので、帰らなければならないのですが、毎回、帰る時間になると、「いやいや」になって、ひっくり返るのでベビーカーに乗せることができず困っています。（1歳0ケ月）

A：しつけのプロセスに従って考えてみましょう（番号①～⑤は図6／90頁の①～⑤に対応します）。

①「12時で終わり」これは社会のルールです

②もっと遊んでいたいという〈いやいや脳〉が大泣きする

③まだ帰りたくない気持ちを承認しつつ帰る
というのが、しつけの手順となります。

ご相談の場面は、そこで大泣きしてひっくり返って、ベビーカーに乗せられないので、物理的に帰れないということで、困っているという場面です。

ここで帰れないのは、ベビーカーだからなのです。ベビーカーに乗せるためには「にこにこ」か「ねんね」の状態が必要です。泣いている状態では危険で乗せられないから、泣きやまないことに困惑されるのだと思います。

そこで昔からの「おんぶ」という知恵があるのです。おんぶすることに慣れてしまうと、大泣きしている状態でも、「くいっ」と背中に背負えるようになります。遊び場などでは、近くの方に手伝ってもらうなどして背負うこともできます。

帰りたくないと大泣きしている状態でも背中にしっかりかりくると、子は安定します。その状態がしつけのプロセスの③の条件をみたします。「またあしたね、楽しかったね、帰るの、残念ね」と声をかけながら、「わーわー」泣いている子を背中でそのままにして、帰る（＝ちゃんと枠を守る）ことができるわけです。そのうちに景色を見ながら子どもは泣きやみます。

そんなことを何度も繰り返し、おんぶができないくらい大きくなるころまでには、「時間だから帰らなければならない」という社会のルールを学習し、自己調整の力が育っていきます。

つまり、この年齢の発達段階では、おんぶという方法を活用することで、しつけのプロセスをスムーズに実現することができるのです。

おんぶは、震災などの非常時に避難する際などにも、子どもを守るためにもっとも安全な方法です。日ごろからおんぶできるようにしておくことが、子育てを楽にします。

Q&A 14

断乳したいが、なかなかやめられない

どうしつけたらいいのでしょうか？

Q：母乳で育ててきました。断乳しようと思っているのですが、泣かれるのでどうにもならず、結局また飲ませてしまっています。好きなだけ飲ませておいてもいいものでしょうか？（1歳3ケ月）

A：Q&A11「リモコンをなめてしまう」（98頁）で、乳児はまだしつけの枠をかける段階にはありませんと、書きました。最初の大きなしつけの場面は「断乳」かもしれません。

おっぱいをやめるということの大仕事は、1歳をすぎた適切な時期に、命と健康を守るために、必要なことです。1歳をすぎると、離乳食を経て大人と同じ食事ができるようになり、おっぱいから栄養を摂取するという時期は終わっています。食事により栄養を摂取することが命と健康を守るために必要な時期がきているということになります。

ですから「おっぱい終わり」というのは、しつけの枠をかけるべき時期となります。

しかし、断乳がそう簡単ではないのは、母乳で育ってきた子にとっては、おっぱいを吸う、おっぱいにくっつくという行為が、安心・安全を得る方法となっているからです。ママにとっても、そこには幸せ感が伴っているのでおっぱいをやめるときには喪失感が生じます。

なので、ご相談の方のように、枠が「ズルズル」になりやすいので、やめることへのとまどいや、やめたいのにやめられないということが生じてきます。

断乳の心理的な意味は、唇によってのみ安心・安全を得ていた段階から、ママにくっついたり、目を見たりすることだけで安心できる段階にシフトすることです。だから2~3歳になっても、おっぱいを吸って安心を得ている状態は、感情コントロールの育ちにおいて、遅れが生じてしまうということを意味します。唇の感覚以外の方法で安心・安全を確保できないということになるからです。

ですから、断乳を行う前までの乳児期のところで、すでにママに抱かれて目を見ると安心するという関係性ができているということが、断乳をスムーズにすすめることができるかどうかに深く影響します。


近年は、無理におっぱいをやめる「断乳」よりも、自然におっぱいをあきらめる「卒乳」ということばが用いられるようになっているようです。

確かに理想的に、すっと卒乳できるタイプのお子さんもいるでしょうが、それは乳児期の愛着の関係が良好で、かつ比較的おとなしいタイプのお子さんの場合に限られるでしょう。愛着の関係が良好でも、大好きなおっぱいの終わりを受け入れるには、やっぱり〈いやいや脳〉パワーが全開で、大泣きかんしゃく状態になるものです。

「卒乳」を待とうとしているうちに、2~3歳まで飲み続けることになったり、泣いている子どもを抱くことのみでおさめることに自信がもてないために、乳首と唇に頼り続けてしまったりすると、子どもは乳首がないところでどうやって自分の不安をおさめればいいのかを学ぶ機会を失ってしまうことになります。

断乳を「しつけのプロセス」にあてはめて考えてみましょう。

①おっぱいを終わりにする日を決めましょう。

子どもの体調がよいときというのはとても重要です。ママが2、3日寝不足になるかもしれないことも想定して、日程を計画的に決めることも大事です。日中パパに遊んでもらえる週末にするなど、覚悟を決めて準備してとりくみます。なんとなく始めると、〈いやいや脳〉パワーの抵抗に持ちこたえられず、ご相談の方のようにまた飲ませてしまうというようなことになってしまいます。

食事はたっぷりおなかいっぱい食べられるようなメニューを工夫して、楽しく食事をします。おっぱい終わりの日を決めて計画的に行うということは、ママの喪失感についてもこころの準備をしておくということになります。

そして、子どもに「おっぱいは終わり。おっぱいバイバイ」ということを伝えます。おっぱいに絵を描く方法は、おっぱいが終わりという枠を赤ちゃんの認識のレベルで理解させるという意味で、昔から利用されてきた方法のように思います。描く顔は、かわいい顔がいいかもしれません。いずれにしても、おっぱいはもうないという枠を示します。

②子どもは大泣きします。〈いやいや脳〉パワーが全開です。

断乳の時期になると遊び飲みでおっぱいを求めていることもありますから、そこでは泣かない反応をする子もいます。しかし、夜眠い状態などでは、大泣きになることでしょう。

③泣いている子どもを抱きながら、ママも泣きたい気持ちになりながら、抱いてよしよしすることだけで寝かしつけます。

この③をふんばることが重要です。おっぱいがもらえなくてパニックになっている子どもに共感しながら、枠は変えないという関わりです。ここで子どもの大泣きにもちこたえられなくて、飲ませてしまえば、ズルズルとずっと飲ませることになってしまいます。

④⑤大泣きしながら、抱かれていることで、しだいに唇をつかわなくても、安心して寝つくということを学習します。

このとき、脳みその中では、重大な「安心回路の変更工事」が行われているのです。

断乳すると、見た目も急にお兄さん・お姉さんっぽく見え、乳児から幼児の風貌になってきます。食欲も旺盛になります。

つまりこのプロセスを経てぐんと成長するのです。眠いとき、寝つくときなど、おっぱいを触ることを求める子もいますが、それは移行期として問題ありません。唇での安心からスキンシップによる安心へとシフトすることが、この時期に必要なことですから、おっぱいを触ることで安心して寝つけるのであれば、それでよいのです。

Q&A 15

どうしつけたらいいのでしょうか？

ごはんを作ろうとすると泣くので、ずっと相手をしなければならない

Q： 夕ごはんの仕度をはじめると、かまってほしくて泣き続けるので、夫が帰ってくるまでずっと子どもと遊んでやらなくちゃならないんです。結局、夫が9時に帰ってきてからじゃないと夕ごはんが作れない状態です。どうやって、夕ごはん作りの間は待っているということをしつけたらよいのでしょうか？（1歳8ケ月）

A： お子さんの泣きに振りまわされて、生活がまわらなくなっている状態ですね。ママがごはんを作るということは、子どもの命と健康を守るために必要なことです。そして、ママが見えるところであれば、待っていられるということ

も発達段階としてできることです。
それではしつけのプロセスにそって考えてみましょう。

①「ママはごはん作るよ。待っていてね」がしつけの枠組みになります。
子どもが不安にならないように、ママが見えるところに安全な場所を設けるという工夫は必要です。危険なキッチンに入ってこられないようにする柵や子どもの安全を確保するベビーサークルなどです。

②子どもは「いやー」と泣き、かまってほしい、遊んでほしいと要求します。

③「ごはん作っているから、つまんないのねえ。かまってほしいんだよねえ」と応じながらも、ママはごはんを作りつづけます。

この③を維持できると、④⑤に子どもは進みます。ある程度泣きわめきながらひとり遊びをしたり、また泣いたり、ママの声が聞こえるとまたおさまってひとり遊びしたりを繰り返します。そして「はい、ごはんできたよ。よく待っていたねえ」と抱き上げてあげると、子どもは「待つ」ということの意味を理解し、だんだんと見通しをもてるようになっていきます。

ご相談者の場合は、③のところでもちこたえられず、子どもの泣きに振りまわされてしまっているのだと思います。あるいは、泣かせてはいけないという気持ちでいっぱいになっているのでしょう。その結果、子どもは泣けばママが言いなりになってくれるという関係になっており、生活がまわらなくなってしまっているものと思われます。

泣いても安全な状況を作ったうえで（安全にかんしゃくを起こさせるという発想）、子どもがかんしゃく泣きをしていても、ママが歌を歌い続けながらごはんを作ることを通してみましょう。

ママが歌を歌っているということで、泣いている〈いやいや脳〉は、それでもママに否定されていないという体験をすることができます。その結果④のプロセスを経て⑤に至り、ひとり遊びできるようになるのです。

ご相談者は1歳８ケ月とありますが、もう少し小さいうちであれば、Ｑ＆Ａ13「遊び場から帰ろうとすると泣く～」（103頁）でお答えしたように、おんぶしてごはんを作るということで、しつけの条件はみたされます。おんぶは、ママの生活のペースを守るために役立ちます。

第6章のところで詳しく説明しますが、子どもの泣き声をきいていると、無意識にママの中のいやな気持ちの記憶が開いてしまい、泣き声をそのままにしておくことができなくなってしまうということがあります。

そのようなことが起こっていると、子どもの泣きを止めるためだけの行動をとりがちになり、しつけが成立しなくなってしまうことがよくあります。子どもはある程度泣かせておいても大丈夫と思えるかどうかを、自己チェックしてみましょう。

子どもを泣かせておくと、近所からなにか言われるから泣かせられないと考える人も多いのですが、実は子ども〈いやいや脳〉はちゃんと共感してもらったほうが、ずっと早くおさまります。「いやな気持ちは抱きしめてもらえる」

と思っている子どものほうが泣きやむのが早くなるのです。

ご相談者のようにこれまで③を維持できなかった状態から、③を維持するようにがんばろうと方針を変えた直後は、子どもの抵抗も大きなものになるので、ママの覚悟が必要です。しかし、今日は30分でおさまったとしたら、明日は25分、次は20分と、だんだんとおさまる時間は短くなりますから根比べです。どんなにごねても無理と思うと、子どもも無駄なエネルギーは使わなくなるのです。

Q&A 16

トイレットトレーニングがうまくいかない

どうしつけたらいいのでしょうか？

Q： トイレットトレーニングを始めて、パンツにして「おしっこ出る前に言うんだよ」と何度も教えているんですが、出てから「出たあ」って言うんです。「なんで出る前に言わないの！」って思うんですけど、どうしたらいいのでしょうか。（２歳５ケ月）

A： トイレットトレーニングというのは、排泄《はいせつ》を制御できるようになる力を育てるということです。おむつにしているときには、排泄が意識化されておらず、意志の力とつながっていません。

排泄は命を守るための生理現象ですから、〈いやいや脳〉の領域の機能です。排泄の自立というのは、排泄の欲求が〈おりこう脳〉とつながって、〈おりこう脳〉からの制御を受けることができるように発達するということです。

そしてそれをうながす刺激が、トイレットトレーニングです。

それは感情の社会化のところでお伝えした、感情がことばとつながるプロセスの発達と、とてもよく似ている機能の発達です。

おしっこをがまんするということは、「がまんする」ということ全体の学習に通じるものです。

重要なのは、身体の感覚に焦点をあてるということです。おしっこが膀胱《ぼうこう》にたまっている状態を感じる身体の感覚、それが放出されて、すっきりしたときの身体の感覚、おしっこが流れて足までびしょびしょになる身体の感覚、そういう身体の感覚に焦点をあてることが、学習をうながしていくためのポイントです。

ご相談の方は、「おしっこ出る前に言うんだよ」と教えているとのことですが、この関わりは〈おりこう脳〉への働きかけです。ところが、まだ〈おりこう脳〉と排泄の感覚（身体感覚）がつながっていない状態なので、子どもにとってはなにを要求されているのか、わからないのです。

お子さんが「出たあ」と言うのは、ほんとうにそのとおりで、すばらしい反応をしているということです。おしっこが出たときのその身体感覚を感じて、それを「出たあ」と教えてくれているのです。

ですから、「出たねえ。びしょびしょだね」とその感じている身体感覚をことばにしてあげましょう。そういう身体感覚への気づきをうながしつつ、「おしっこしーしー、おまるでしーしー」というような絵本（『ノンタン　おしっこしーしー』キヨノサチコ、偕成社）を楽しく読むことで、〈おりこう脳〉の学習と、自分の身体感覚がつながるようになるのです。

身体感覚に気づいて不快だと感じることで、ここちよい身体感覚にも気づくことができます。その「差異」によって認知が可能になるのです。

排泄の学習も、しつけのプロセスにあてはめることができます。

①おむつをはずす（おしっこに制御の枠をかける）

②じゃーっとそのまま出る（生理現象がそのままに反応する）

③身体感覚をことばにして、じゃーっと出たことは認めるが、枠は変えない。
つまり、失敗してもおむつははずしたままにするという枠は維持する。
④身体の生理現象（〈いやいや脳〉の機能）と意識による制御（〈おりこう脳〉の機能）との間で、情報が流れるようになり、
⑤身体感覚をキャッチして意識により制御できるようになる。

失敗が続くからといって、③でおむつに戻してしまうと、しつけの枠を維持できないので、制御の力が発達しません。失敗によって学ぶのです。

排泄の学習のプロセスはこのようにしてすすむのですが、個人差がありますし、その学習がすすむための準備状態（レディネス）ができているかどうかにも個人差があります。おおむね２～３歳の間にはできるようになりますが、時間のかかる子もいます。

この時期のおしっこもうんちも、親にとっては汚いものではありません。笑ってのんびり、失敗を重ねさせていくことで、コントロールは学習されます。

もし、子どもの排泄の失敗を強く許せない気分になるとしたら、それは親がとても疲れていて、ストレスがたまっているということです。その場合は、自分自身へのケアに目を向けることが重要なのであって、子どもの失敗を叱ることは悪循環を招きます。

排泄の失敗をされることがいやだという親の思いから、いつまでもおむつをつけているということは、しつけを放棄していることになります。排泄の学習は、さまざまな制御の学習とつながっています。

特に夜間については、ふとんを汚されたくないという思いから、漫然と紙パンツをはかせ続けていることが多くあります。実際には寝ている間に排泄がないのならいいのですが、昼間は自立していても、夜にはおむつへの排泄がふつうに続いている状態になると、小学校に入ってからも、寝ている間は身体が赤ちゃん状態になる習慣がついていて、夜尿が治らないということにもなります。感情コントロールできないお子さんが夜尿も抱えているという事例はとても多いです。

排泄の失敗にきちんと親が寄り添うという関わりが、不快なものを自己に統合し、コントロールできるようになることの土台になるのです。失敗があっても当たり前の時期に、ふとんがぬれて冷たかったという身体感覚を経験することが、制御の学習をうながすのです。

Q&A 17

どうしつけたらいいのでしょうか？
ぬれたパンツを取りかえるのをいやがる

Q： おしっこが出る前に、だいぶ言えるようにはなってきたのですが、夢中になって遊んでいると、ついもらしているときがあります。そういうとき「おしっこ出たの？」ときくと「出ない出ない」と言い張って、パンツを取りかえさせてくれません。

たまに「出たよ」と言うときもあるのですが、「パンツ取りかえようね」と言うと、「やだ」と言うので、「ぬれたままだと風邪ひくよ」「くさいくさいだよ」とか説明しても、「やだやだ」と言うので取りかえることができないのです。（2歳8ケ月）

A： ご相談者は、お子さんとことばのやりとりをしています。それによって、子どもにパンツを交換することに対する「説明と同意」を得ようとしています。

大人とのやりとりであれば、「説明と同意」は重要なことですが、それらは〈おりこう脳〉の仕事です。

この年齢のお子さんは、ことばが上手になってきているので、ついつい大人と同じ会話ができているように錯覚しがちですが、まだまだです。この時期はまだ命と健康を守ることについては、親が決定し、子に「説明と同意」を得る必要はありません。

具体的には、遊んでいる途中でも、「おしっこ出たよ～」「はいパンツ取りかえるよ」と抱き上げて、取りかえてしまえばいいのです。そして心地よくなった身体感覚を伝えます。「はい、パンツさらさら。気持ちいいねえ」実際のところ、子どもはぬれたパンツを不快に感じているので、取り換える動作に対して、それほど抵抗しなかったりします。

しつけのプロセスにあてはめてみましょう。

①ぬれたパンツをはきかえさせる

②子どもは「いやいや」と言う
③「いやいやなのね」と感情は承認するが、枠を維持する。つまりはきかえさせてしまう
④ここでかんしゃくを起こしたとしても、「安全にかんしゃくを起こさせる」気持ちで待ってやれば、
⑤かわいたパンツに適応することで、おさまります

それによって、かわいたパンツは気持ちいい、ぬれたままだと気持ち悪いという身体感覚と、「取りかえようね」ということばの意味とがつながって、次第にママの「取りかえようね」に「うん」と言えるように成長するのです。

Q&A
18

どうしつけたらいいのでしょうか?
外出や公共の場でひっくり返って大泣きする

Q: 外出時、立入禁止のところに入りたがり、「行けないんだよ」と言っても理解できず大泣きします。家でも、ハサミを使いたがり、危ないから隠してしまうのですが、ひっくり返って泣いています。いつも、どうしようもないので、食べものを与えて、気分をそらすことで対応してしまうのですが、それはよくないなあと感じています。(2歳4ケ月)

A: 危ないことは、子どもの命と健康を守るために禁止しなければならないことです。

しつけのプロセスにあてはめると、

①危ないことを禁止する。②子どもは大泣きする。③「行きたかったんだよ

ね」と気持ちは承認するが行かせない。そして④⑤のプロセスを、泣かせながら、おさまるタイミングを待ってやるという流れになります。

ところが、外出時にはそれではとても困るということですよね。

家でハサミを使いたがるというような場合にも、食べもので気そらしをしているということですので、家では「気そらし」でおさめるのではなく、しつけのプロセスによって、おさまるのを待つことができるようにしてみましょう。

子どもが「いや」と言って泣くことに対して、早く泣きやませなくちゃとあせらずに、納得いくまでかんしゃくを起こさせてあげようと思ってしまうと、おさまりは早くなるものです。

それができているなら、外出時の非常手段としての食べものによる「気そらし」は、たいして問題にならないと思います。家で基本的なしつけのプロセスを実行できているということが、重要なのです。ものに頼らなくても、自分の気持ちをおさめていけるという体験です。

子どもと外出するときには、食べものやおもちゃや絵本を持って出かけるという準備は必要です。非常手段としての食べものやおもちゃなどを事前に準備するということは、幼児を連れて外出するにあたって、子どもが泣くだろうという前提を認めているということでもあります。

なにも準備せずに、「なぜこういうところで泣くの！」と親が不機嫌になるという状況はよくありません。起こり得ることを予測して準備をしてから出かけないと、親子ともにつらい体験になってしまいます。

非常手段として食べもので気そらしをする場合であっても、重要なのは、泣いている理由となっている感情をきちんと承認するということです。「行きたかったんだよね、行けなくて残念だね」と承認してもらう中で、しつけのプロセスの④、〈いやいや脳〉と〈おりこう脳〉の葛藤を短くするために、食べものなどで気分を変えるということは、外出時には、ありだと思います。

2～3歳はこの時期が通り過ぎないと、どうにもならない時期ですので、④のプロセスへの援助として食べものなどの非常手段は、外出時には必要でしょう。

しかしながら、「行きたかったのに、行けない」ということで生じている共感をしない形で、食べもので気分を変えさせてしまうのは、それはよくありません。〈いやいや脳〉に安心を与えないことになるからです。

この関わりの違いを認識できると、関わり方のコツがつかめると思います。

電車の中で座れないのに座りたいと泣く、触っちゃいけないものに触りたがるなどの場合も同じです。外出するときには起こり得ることを予測して、準備をして出かけましょう。

がまんできて当然と思わないことが、親のストレスを減らします。

Q&A 19

どうしつけたらいいのでしょうか？

かりたおもちゃを返せない

Q：公園で、他の子が持ってきたスコップをかりていて、その子が帰るときに返さなくちゃいけないのに、「いやだー」と泣き叫んで、返せないのです。「それはあなたのではないでしょ」と言ってきかせても、わからないし、ママ友との人間関係もあるので、すごく困ります。結局は、私が返してしまうのですが、かんしゃく大泣きしたうえ、今度は抱っこを求めて両手をあげてアピールしてきます。（2歳6ケ月）

A：この場合、スコップを返すことは社会のルールにあたりますよね。しつけのプロセスにあてはめると、①の枠は「スコップを返す」になります。けれども、子どもは自分からは返せません。まだ他人のものをかりているという〈おりこう脳〉の認識はないのです。

２歳児は自分からは返せない発達年齢なので、「ママが返す」という選択をします。すると、子どもは②で大泣きします。この反応をよしとするということが、２歳児を育てるために必要です。
③では、「スコップでもっと遊びたかったのね。残念、残念」という気持ちでお子さんと関わります。もうスコップは返してしまったので、枠は維持されています。
そこで④の葛藤をおさめて⑤に移行するために、「抱っこ」を求めているのです。スコップでもっと遊びたかった（〈いやいや脳〉）、でも遊べない（〈おりこう脳〉）という④の葛藤をおさめるために、「抱っこ」で安心を得て、遊べないという〈おりこう脳〉の制御を受け入れようとしているのです。

ちゃんと自分で両手をあげてアピールするというのは、ママに抱くタイミングを教えてくれているわけですから、すばらしいですね。「よくがまんしたね」と抱いてあげましょう。ちゃんと愛着の関係ができているから生じる子どもの反応です。

Q&A 20

どうしつけたらいいのでしょうか？

自分でやりたいが、うまくできなくてかんしゃくを起こす

Q：出かける時間が迫っているのに、自分で洋服を着る、靴下をはくと言いはって、それでうまくいかないとかんしゃくを起こして、手伝おうとすると拒むので、結局時間に遅れてしまったりします。どうしたら言うことをきくようにしつけることができるのでしょうか？（2歳10ケ月）

A：子育てをしている中で2歳すぎると、お子さんの性格などもだいぶ見えてきます。意欲がいっぱいで、自分でやりたい気持ちが強くて、なかなか言うことをきかない子だなと思ったら、その子どものありようをふまえて生活を組み立てるということが求められます。なぜなら、それは将来のすばらしい資質につ

ながるものだからです。

自分で洋服を着たいという欲求を制御することは、しつけの枠組みの対象にはなりません。社会のルールでもないし、命と健康を守るために制御しなくちゃいけないことでもありません。発達段階を考えると、自分で着たいと思うこと自体が、順調な成長を示しています。

しつけの枠組みの対象ではないということは、親が制御すべきことではないということになります。なので、ここではしつけのプロセスはあてはまりません。

このようなお子さんは、意欲がいっぱいで、自分でやりたいという気持ちをわかってもらっているという安心感があると、かんしゃくは起こさずに、時間をかけて自分でやるという方向に向かうでしょう。

子どもはママの気持ちを敏感に感じています。うまくいかなくてかんしゃくを起こしているとき、実は、急がないといけないということを感じているわけです。はやくちゃんとできなくちゃだめなのに、できないという状況の中で生じるいらだちがかんしゃくにつながっています。せっかくの意欲がもったいないですよね。

将来のすばらしい資質であっても、幼児期には何から何まで困った行動に見えたりします。だからこそ、その資質を守り育てるために、親にはいろんな工夫が求められるわけです。工夫のひとつは、「こういう子なんだ」といういい意味であきらめること、そして時間的余裕をもてるように生活をまわすということでしょう。

とはいえ、前述したように、こういう時期はかならず通り過ぎます。長い目で見れば、いっときのことです。

Q&A 21

どうしつけたらいいのでしょうか？

下の子へのやきもち

Q： 下の子が生まれる前は、お兄ちゃんになるっていうことをよろこんでいたのに、実際に生まれてからは、やきもちばっかりで、下の子をたたこうとすることさえあるんです。「だめ！」と言うと、すごい大泣きで、わざと悪いことをしようとして、手に負えない状態です。（2歳10ケ月）

A： 下の子が生まれることは、親にとってはもちろん幸せなことですから、上の子にとっても、それはよろこびであってほしいと願うのは当然の気持ちです。でも上の子にとっては、きょうだいが生まれるということは、生まれてはじめて「嫉妬」という感情を体験する場面なのです。

生まれる前の段階で、絵本などを見ながら「お兄ちゃんになるよ」というような話をしているときには〈おりこう脳〉が反応しています。ママがよろこんでいることなので、認知的にうれしいことなのだろうという学習をしています。

ところが実際に生まれてきた赤ちゃんが、いつもママに抱かれていて、おっぱいを飲んでいて、自分が甘えたいときにも「待っててね」と言われる現実においては、「怒り」「嫉妬」「悲しみ」などのどうしようもない感情が〈いやいや脳〉からあふれてきます。その感情が、赤ちゃんをたたくというような行動になっています。

しつけのプロセスにあてはめてみると、①の枠は「○○ちゃんをたたくのはだめ」ということになります。すると②大泣きします。このとき、ここで上の子の感情をしっかり認めること、そして抱きしめることが重要です。それが③のプロセスです。そこで認める感情は、子どもの下の子が生まれていやだという感情、いないほうがよかったという感情、赤ちゃんばっかりずるいと思う感情です。

その感情は、親にとってはあってはならないと感じる感情ですが、きょうだいというのはそういうものだと理解しておくことが必要です。下の子が生まれたことで変わってしまった日常に適応するために、その変化によって生じる不快感情をしっかり親に認めてもらうことによって、上の子どもは安心・安全を取り戻す必要があるのです。

それがうまくいけば、しだいに下の子が自分の手から食べものを食べたり、上の子を頼ってきたり、自分の反応に笑顔を向けてくれたりすることを通して、きょうだい愛は育っていくのです。最初は不快でならないという上の子の気持ちをしっかり承認したほうが、きょうだいが生まれたことに伴うトラブルは軽くすみます。

昔から、下の子が生まれると、上の子が「赤ちゃん返り」することはよく知られています。「赤ちゃん返り」という無意識の防衛は、自分の思いを親に認めてもらうためによくできた方略です。「赤ちゃん返り」したら、親がその思いをくみとってていねいに赤ちゃん扱いしてあげることで、下の子が生まれたことによる変化に適応できるようになり、気持ちも満たされていきます。

しかし、「赤ちゃん返り」ではなく、暴力などの形でその思いを直接ぶつける子は、叱られてしまうので、自分の満たされない気持ちを受けとめてもらうチャンスを逃してしまいます。

きょうだいが生まれるにあたって、親は、上の子にとっては不快な体験であるということは当然のことだと思って、その反応をちゃんと受け入れて、満足させてあげることが大切です。そうすることが「きょうだい仲良く」への道であるということを知っておきましょう。

Q&A 22

どうしつけたらいいのでしょうか？
スーパーでの「買って、買って」

Q：スーパーに行くたびに、「買って、買って」と大騒ぎになります。「今日はなにも買わないよ」とか「１つだけだよ」とか、約束してから出かけるのですが、その場になればそんな約束忘れてしまって、騒いでいるその様子がみっともないし、周囲の迷惑なので、ついつい買ってしまうこともあり、それがいけないとはわかっているのですが……。よその子はちゃんとがまんしている子も多いので、子育てがつらくなってしまいます。（２歳３ケ月）

A：この時期の子どもは、もって生まれた性格がそのまま出てくる時期でもあり、おとなしい子もいれば、元気さがありあまって怪獣のような子もいます。だから、他の子と比較しないということは、とても重要です。たとえどんな性格の子であっても、親にとっては「もっとこうであったらいいのに」という思いが生じるものです。

「買って、買って」と言って公共の場で大騒ぎするというのは「魔の2歳児」と言われる典型的な場面ですよね。しつけのプロセスは、これまでのところでお伝えしてきたとおりです。

③で「買ってくれないから、怒っているんだよね」と気持ちに共感しながら、買わない枠を維持するということになります。「買って、買って」と言って、ひっくり返ってもさほどご迷惑でなければ、しつけのプロセスの原則を貫いて、安全を確認しつつ放っておく（ママは買い物を続ける）ことでよいのです。

この「買って、買って」がおさまるには、数ケ月〜1年くらいかかることもあります。出かける前に伝えた「買わないよ」とスーパーの中でのママの言動を一致させることで、どんなにほしくても手に入らないのだということを体験することが、意味をなします。

ところが、元気パワーのあふれたお子さんの場合、そんな生易しい状態ではないこともありますよね。公共の場で周囲にご迷惑な声をはりあげて、コントロール不能な状態におちいられると、親としてほんとうにどうしようもない気持ちになるものです。

そういう場合には、その場でうつ手はありません。だからといって、恐怖を与えて子どもをコントロールすれば、親が力で子どもを支配するという関係性を育てていくことになります。それは、将来的に子どもが幸せになる方向性ではないのです。だとしたら、どうするか？

「こういう時期なんだ」ということを受け入れ、そのような状況になりそうな場をさける工夫をすることで、親子の関係にひびが入らないようにすることを選択したほうが賢明でしょう。買い物の方法を工夫するなどして、そもそもスーパーに子どもを連れていかないことなどを工夫します。

このような時期は、長い人生のうちでは、いっときのことです。子どもが成長すれば通り過ぎることです。その間に、親子関係にひびがはいることのほうが重大な問題です。「子どもの個性」を受け入れ、それに合わせて、叱責しないでいられる生活時間を確保したほうが、ママも楽だし、子どももすこやかに育ちます。

元気な2歳児と向き合うということは、知恵比べでもあります。予測して対処するための準備をすることなしには、外出できないのです。

子どもは成長するので、予想外の反応をされて困ることもありますが、泣いたりぐずったりするということを想定して、親が対策を考え準備をすること自体が、子どものありのままを受け入れようとする、子ども中心の視点をもつというスタンスです。

それでも、「やられた」ということはありますが、子どもの知恵がついたということで、笑い話にしましょう。

Q&A 23

どうしつけたらいいのでしょうか？

言うことをきかないので「しつけアプリ」に頼りたい

Q：「いやいや」ばかりで親の言うことを聞いてくれないので、恐怖を与えるしつけアプリで言うことをきかせています。いまのところ、かなり利《き》き目があるのですが、大きくなったら効果がなくなると思うので、どうしたらいいでしょう？（２歳６ケ月）

A：恐怖を与えれば子どもは言うことをききます。なぜなら、〈いやいや脳〉は命を守ることのために機能している場所なので、泣きわめいている結果、恐怖が喚起されれば、命を守るために従順になるという選択がなされます。

つまりそれは、〈いやいや脳〉機能のみで完結するということです。〈おりこう脳〉との情報のやりとりはありません。その結果、恐怖を与えられれば言うことをきくが、恐怖が与えられるまでは言うことをきけないという状態を生み出していきます。「自律」ではなく「他律」の回路ができてしまうのです。

アプリによって与えられる恐怖は、子どもが成長して知恵がついてくれば、それほど恐怖を喚起するものではなくなりますから、さほどの影響はないと考える向きもあるでしょう。しかし問題なのは、親が自分で向き合うことをさけて、アプリに委託してしまうというその姿勢の部分が、子どもの親への信頼を育てないという点です。

子どもに「だめ」の枠をかけるということは、親としてもエネルギーを使うことです。しつけのプロセス①のあと、②の大泣きがあるということを覚悟の上で、①を示すのです。

つまり、しつけをしようというときには、親が向き合う覚悟というものが問われています。そして、その大泣きがおさまるまでの時間を待ってやることでしつけのプロセスは完結します。子どもの泣きを受けとめる親の身体があって、はじめて子どもは自律の力を育ててもらえるのです。

親がアプリに叱ってもらいたいと「外注」してしまうとき、このプロセスから逃げているということになります。このような叱り方、枠のかけ方をしていると、思春期になったとき、子どもは親をばかにするようになります。自分から逃げているということが、見えるようになるからです。

親子関係というのは、子が「叱った親の腕に抱かれにいきたい」と思う関係性です。他人に叱られたなら、その人の腕に抱かれたいとは思いません。子どもは親に叱られているのに、その親に抱かれて安心したいという欲求をもつのです。

親は親だからこそ、子どもに嫌われるということはありません。枠をかけることが子どもの命と健康を守るために必要な場合は、子どもに遠慮したり、子どもの顔色をうかがったりする必要はないのです。子どもは親の真剣度に反応します。

親がニコニコしながら、怖いアプリの画面に叱ってもらっているとき、そこにあるのは、子どもとの関係に自信がもてない親の姿なのです。子どもは、自分と向き合ってくれることを願っています。だめと言われることによって、自分を守ってもらうことを求めているのです。

カウンセラーママのつぶやき③

「もうがんばれない〜〜」息子のひとことにハッとした

……………富田麻美《まみ》

「トイレ！　ちっこ！　もっちゃう！」

3歳になる息子は立っておしっこをすることを嫌がり、ズボンもパンツも、靴下も脱いで、座っておしっこをしたがる。今日もなんとか間に合ってほっとした顔。間に合ったからいっか〜と私が言うと、「まあ、いっか〜」と息子もまねして続ける。

息子が一丁前に言うことがおかしくて、思わずフフフと笑っていたのは今年の1月頃の話。

4月の幼稚園入園が迫ってくるにつれ、ママたちとの会話も幼稚園の話ばかりになってきた。入園グッズの作り方から、今年度の入園人数の噂まで、いろいろな話題が飛びかう。

「人数いるし、ちゃんと主張できないと先生に見過ごされそうだよね〜」

「幼稚園生なんてやれるのかしら〜」

ただの世間話のはずが、入園が近づくにつれ、頭の中にだんだん積もっていく。トイレ、ギリギリまで言わないし、全部脱いでいたら、お漏らし、しちゃいそう……あ、お着替えも最近ひとりでやらないや……給食も大丈夫かな……野菜も最近食べムラあるし……。できないことが次々と思い浮かび、キリがない。

「ママ、トイレ！　ちっこ！　もっちゃう！」そんな中、息子はいつものようにトイレに行く前に全部脱ぎたがっていた。

「全部脱がなくてもできるよ！　やってみよ！」と私。いつもなら引いてるところが、なんだか引けない。「きっとできるよ！」……あれこれ言っても、結局全部脱ぐ息子を見て苛立《いらだ》ちがつのる。

気がつくと、トイレも、ごはんも、お着替えも、「やってごらん！　もうすぐ幼稚園のお兄ちゃんだよ！」と繰り返していた。

そして迎えた入園式当日。息子にとって式典は時間も長く、初めての場所、初めてのことだらけで、とてもしんどい様子だった。予想はしていたが、やっぱり式典の最後には「外に出たい～」とぐずりだす。

そしてひとこと。「もうがんばれない〜〜」

そのとき、はっと気がついた。その通りだ。もういっぱいがんばったね。3月末生まれ。3歳になりたてのやんちゃな子。朝から緊張して、じっとして、やりたくないことばかり。

ここ最近もずっとそう。私がたくさんがんばらせた。私が自分の不安や焦りや緊張に向き合えていなかった。そのモヤモヤを息子に向けていた。いつも「もうすぐ幼稚園」ってたくさん言われてドキドキだったよね。甘えん坊したい気持ちもいっぱいぃあったよね。なのに……。

自分に対して情けない気持ちと、息子に申し訳ない気持ちで胸がいっぱいになる。ひっくり返った息子を抱えて体育館の後ろで式典を過ごし、できるところだけ参加して入園式を終えた。その日はたくさんたくさん抱っこした。しんどかったね、疲れたね。

そうして始まった園生活。トイレもお着替えもごはんも、ちゃんとできたりできなかったり。朝、泣きながら園バスに乗ったり、お友達と元気に手を振ってお別れしたり、いろんな日々。それが今の3歳の息子の姿。

二人で「まあ、いっか!」と言いながら毎日を過ごしている。

第 5 章

親子の SOSサイン

この章では、しつけをめぐる悪循環が生じてしまっている状態を示し、どのようにして悪循環をといていくのかを示したいと思います。

Q&A 24

こんなとき、どうしたらいいのですか？
ママをたたく

Q： 思い通りにならないと、私をたたいてくるんです。やめてと言えば言うほど強く本気でたたいてくるので、こっちもキレそうになってしまいます。たとえば、私がごはんの仕度をはじめようと思って冷蔵庫をあけたら、大好きないちごがあることに気づいてしまって、そこから「食べる！　食べる！」が始まったんです。私は、「アンパンマンの本読むよー」とか「お外に行ってみよう」とかなんとか気持ちをそらそうとするんだけど、そこで殴りかかってくるって感じです。それでたたかれていると私も痛いし、どうにもおさまりがつかないから、結局いちご食べさせておさめるしかないという状態です。（2歳4ケ月）

A： 子どもは、自分の〈いやいや脳〉からの欲求が存在しているってことを認めてもらいたいものなのです。その欲求が存在しているってことを認めるということと、言いなりになることは違います。ご相談者とお子さんとのコミュニケーションは、その部分でずれてしまっているために、お子さんの怒りの感情が増してしまっています。

しつけのプロセスにあてはめてみましょう。

このタイミングでいちごを見つけてしまって「食べる、食べる」と言われて、でもママとしては、いまは食べさせるつもりはないのであれば、①「いまは食べないよ」と明確に伝えるということが、枠組みを示すことになります。

規則正しい食事習慣は命と健康を守るために必要なことです。しつけるためには、まず①しつけの枠組みをわかりやすく提示するということが必要ですが、ここでご相談者は、枠組みを明確には示していないのです。ママは「アンパンマンの本読むよー」「お外に行ってみよう」と働きかけることで、「いま、いちごを食べたくてしょうがない気持ち」をなかったことにしようとしています。

気そらしによって、感情をないものとしようとする関わりは、感情コントロールの力を育てる上で、有効ではありません。なぜなら、子どもの〈いやいや脳〉は、伝わっていないなら、「伝えなくちゃ」という方向に動くので、もっと激しく泣きながら主張することになります。

そして、その自分の思いにママが向き合おうとしてくれていないことが子どもにはわかるので、怒りが生じます。それがママへの暴力になるのです。

そうやってもめたあげくに、いちごをもらえると、子どもは暴力をすることでほしいものが手にはいるという「誤学習」をしやすくなります。その上、いちごをもらっても、ママが怒っているので安心・安全は得られず、いちごを食べても不快なままになります。そういったおちつきのなさが、さらに感情制御を困難にさせてしまいます。

しつけのプロセスをもう一度確認しましょう。①「いまは食べないよ」と言えば、②ひっくり返って泣くでしょう。③「いちご見たら食べたくなっちゃうよねぇ」「そりゃそうだ」と〈いやいや脳〉の欲求は受け入れながら、食べさせないという関わりをしたほうが、ママをたたくことはなくなります。

〈いやいや脳〉は、暴走すると、そのあとおさまりたくて仕方がないのです。おさまるきっかけとして、その存在を肯定してほしいのです。

ママをたたくのは、ママに、ぼくの〈いやいや脳〉の気持ち、わかってほしいと訴えているのです。なぜわかってほしいかというと、わかってもらえると安心して、安心することでおさまることができるからです。「ママ助けてっ」と言っているのです。

この年齢のうちは、「いちご食べたかったんだよね。あるのに食べられないのは、がまんするの、つらいね」と共感してもらえると、だんだんとがまんできるようになっていきます。

とはいえ、いつも「しつけしつけ」と考えていたら、疲れてしまいます。

冷蔵庫をあけて「あー、見つかっちゃった、大騒ぎになるぞ、やられた……」と思ったら、もめる前に「特別の1粒ですよ」などと演出して、

「このいちごさんに、Ａちゃんのお口に入りたいかきいてみますね？」

などと遊びながら、ママといっしょに楽しくお味見しちゃったほうが、子育てを楽しめますよね。大騒ぎしてもめたあとに食べる１粒よりも、ずっとおいしいはずです。

大人は２歳児と「対等」にならないこと。ちゃんと大人として、怪獣２歳児との生活を楽しめるといいですね。

Q&A 25

こんなとき、どうしたらいいのですか？

こだわりが強い

Q：とにかくこだわりが強くて、同じものじゃないといやがります。同じ靴下じゃないといや、いつもと同じ道を通らないといや、同じ食器やフォークでないと食べたがらない。うちの子、発達障害なのでしょうか？（2歳8ケ月）

A：2歳児はいろいろな個性を発揮します。確かに発達障害があるお子さんはこだわりが強く、育てることにとても苦労するということがあるでしょう。しかし、こだわりが強いから発達障害だということが直線的に結びつくものではありません。

この段階で重要なことは、子どもが自分のペースを尊重されて、安心・安全を感じながら、発達していく関係性が保障されるということです。

それによって、年齢があがったときに、こだわりが個性となることで問題がなくなる場合もあります。発達障害があることがクリアになる場合もありますが、この時期にきちんと受けとめてもらう経験を重ねていくことが、障害の部分をカバーしながら適応していく力を育てることにつながります。

この時期は、同じものじゃないといやなのであれば、同じになるように協力します。同じ靴下を複数そろえておくとか、同じ食器を持ち歩くなどです。これを個性と認めて、保障してあげてしまったほうが、親子ともにストレスが減ります。楽しくすごすことが、ゆとりを生むために大事です。

同じでないと、不安・不快が生じ、同じであることにこだわることになるので、そのこだわりを尊重してあげたほうが、不安・不快が減るので、こだわりも減るのです。そしてそれにより、親が自分の不安・不快に対処してくれるということがわかってくるとさらに安心が増えるので、こだわりはゆるみます。

逆に、こだわりを矯正しようとすると、子どもの不安・不快が増して、そのためにこだわりが強まります。

しつけの枠組みとして設定する課題は、「社会のルール」と「命と健康を守るための制限」であり、そしてそれが発達段階に即していることが必要です。「同じものじゃないといや」というこだわりは、社会のルールに反しているわけではなく、同じフォークを使うということで健康が守れないわけでもなく、発達段階という点で言えば、まだ幼児です。

なので、2、3歳児のこだわりは、しつけの枠組みに設定して矯正すべきものではありません。思う存分尊重してあげることで、通り過ぎていく子もたくさんいます。

Q&A 26

こんなとき、どうしたらいいのですか？

2歳児の噛みグセ

Q：２歳になってから、お友だちを噛みつくようになって、困っています。おもちゃの取り合いとか、ちょっと葛藤が生じるような場面で、がぶっと口が出ます。すごいスピードなので、あっと思った瞬間には噛んでいて、まるで動物のようなのです。周囲のママたちからは、白い目で見られるので、子どもには強く叱って、噛んではいけないということを何度も何度も教えていて、そのときにはいけないということはわかっているようなのですが、その場になるとやってしまうのです。（２歳６ケ月）

A：２歳という時期には、元気のよい男の子の中には、噛みグセのような状態になることがあります。〈いやいや脳〉からあふれてくるエネルギー、パワーが強いタイプの子は、ほんとうに動物のようになってしまうのです。
そのこと自体は、2歳児としてはよくあることなのですが、嚙まれたお子さんは歯型のあとが青あざになってしまい、加害をした状況になってしまうことが、ママを苦しめます。また、嚙まれたお子さんの側からすると、そういう子には公園にきてほしくないという気持ちになるのも当然のことです。

この嚙みグセは、その状態を悪化させる刺激がなければ、「買って、買って！」の時期と同様に、一定の時期がすぎることで自然になおっていくものです。しかし、ママとママ友たちとのむずかしい人間関係、加害する立場になってしまうわが子を制御できない苦しさなどによる悪循環があると、問題の収束に時間がかかり、いつまでも嚙みグセがなおらないということも生じます。

大事なことは、2歳児の嚙みグセは、異常なことではないとママが受け入れることです。
でも、実際に嚙んでしまうと、困ることがたくさん起こりますから、元気坊やのママは、わが子を守るというつもりで、公園などのトラブルが起こりそうな集団に自ら、入らない時期をもつということ、そういう覚悟は必要かもしれません。集団の中に入れて、もめて、叱るということを繰り返していると、悪循環により、よくない状態から抜けられなくなるからです。

噛むという行為は、社会のルールとしてだめなことにあたりますが、２歳という発達段階においては、それをだめと枠づけることは意味をなしません。また、噛むという行為は、すでにその瞬間に終わってしまっていますから、しつけのプロセスによりしつけるということもできません。にもかかわらず、あとからだめだったんだと言われつづけると、〈おりこう脳〉に自尊心の低下をすりこんでしまうことになります。

噛んだ結果、相手の子が泣いて、ママも頭を下げまくっている様子、そのことがなにを意味しているのかということは、２歳の子どもでも感覚的にわかっています。そのため、自分は悪い子なんだと思ってしまうということが生じます。将来的に考えたときに、もっとも心配な点はそのことです。

噛むことはいずれ自然になおります。しかし、自分は悪い子だという思いは、ずっと消えません。

ですから、公園ではママはお詫びしまくりだとしても、帰り道、ちゃんとお子さんを抱いて、「おもちゃ取られていやだったんだよね」と、感情の社会化をうながす関わりをていねいにしてあげてください。

〈いやいや脳〉のパワーが暴走してしまっても、ママに愛されているという実感が、安心・安全を高めて、小学生になるころまでには、〈おりこう脳〉による制御を可能にします。

ここで、安心・安全が得られず、自分はだめな子だという思いがすりこまれてしまうと、小学生になってからの暴力や暴言につながってしまいます。

もし、噛みグセで悩んでいるママがいたら、近くのママ友がその気持ちをわかってくれることで、救われる気持ちになり、お子さんにおおらかな気持ちをもてるようになることと思います。

Q&A 27

こんなとき、どうしたらいいのですか？

無視すると子どもの機嫌が直る

Q：やさしくしたほうがいいんだろうなということはわかるのですが、やさしくするとぐずぐずが続くので、私は無視するようにしています。無視しているとあきらめてくれるので。でも最近、私が無視していると、急にテンション高くなって、アンパンマンの歌を歌い始めたり、いかにもほめてもらうための行動をとるんです。空気よめない子になりそうで、心配になってきました。（２歳11ケ月）

A：子どものこころが健康に育つためには、親の顔を見ると安心するという関係性が絶対に必要なのです。ご相談のママは、子どもにぐずぐずされるとご自身が耐えられない気持ちになるがゆえに、その不快感情から身を守るために、無視をするという方法をとらざるを得なかったのだと推測します。ママの気持ちについては第6章に詳しく書きます。

親が本気で無視をすれば、〈いやいや脳〉は、保護を期待できないということを学び、自力で解決するためのスイッチをONにします。それが第1章で説明した図4（「泣かない良い子が将来心配な理由」26頁）に示した状態です。

この年齢での精一杯の〈おりこう脳〉が働いて、〈いやいや脳〉を封じ込めます。なぜなら〈いやいや脳〉は生きるためにのみ機能するのです。親に愛されなければ子どもは生きることができないので、無視されたり、体罰・恐怖が与えられたりする環境においては、〈いやいや脳〉は息をひそめて、幼い〈おりこう脳〉が全力で知恵をしぼることで生きのびようとします。

それが、ここでのアンパンマンの歌を歌うという反応です。

幼い脳みその中にある感情コントロールの大事な機能がちゃんと育つためには、泣きたいときに安心して泣ける環境、親が子どもを保護する環境が必要です。親が無視をしたり、精神的な病気などのために子に気持ちを向けられなかったりするようなときには、子どもが親を気づかうようになります。子どもは親のために泣かないようになれるし、親を楽しい気持ちにさせてくれるような行動のみをとることもできるのです。

ですから、親が子どもに気づかってもらうために、病気のふりをしたり、泣きまねをしたりして、子どもをコントロールすることも不適切です。ワーワー泣ける子どもは健康な子であり、子どもにとって親は自分を保護してくれる存在であることが疑う余地のない状態にあるということを意味しているのです。

子どもにやさしくすること、子どもの気持ちを受け入れるということに抵抗がある場合には、親の側にそうならざるを得ない理由があります。

けがをしているのに、けがをしていることに気づかずに長年がすぎてしまうと、いまさらその古傷にふれることはめんどうなことですが、子育てをしていると、もうなおったと思っていたはずの古傷が、実は痛みはじめていて、そのことを忘れようとして、親としての関わりに対して消極的になってしまうということが起こります。

でも、子どもがすこやかに育つためには、親自身が古傷と向き合うことが必要だし、自分が痛みを抱えているのだということを、認めてよいのです。誰でもけがをしていたら、痛いのです。

Q&A 28

こんなとき、どうしたらいいのですか？

幼稚園に行きたくないとぐずぐずする

Q：３歳の春から幼稚園に通い始めました。６月ころから、朝ぐずぐずして、幼稚園に行きたくないというようになりました。幼稚園バスにのるのをいやがるので、私があとから送っていくのですが、幼稚園の先生は、お母さんがいなくなるとけろっとして遊んでいるから、大丈夫ですというので、泣き叫ぶ状態でおいてくることもしばしばです。幼稚園では入園したときから、まったく泣いたりぐずったりすることはありません。（３歳４ケ月）

A：まだ幼いですから、その日の体調や、ちょっとしたリズムのずれなどだけでも、朝、行きたくない気分になることはあるものです。発達段階としても、まだ「幼稚園という制度」や「なぜそこに通うのか」などの意味を〈おりこう脳〉が理解しているわけではないですから、身体の不快によって、〈いやいや脳〉が、「やだ」とサインを出すのです。

子どもが「幼稚園に行きたくない」と言ったら、なんとなく不快な感じでいやだといっているわけですから、まず、そこでお子さんに安心を与える関わりをするための時間をとるということが、最初に選択されるべきです。

安心を与える関わりとは、「大丈夫だよ」と言ってきかせることではありません。それでは単に〈おりこう脳〉に認知の情報を入れているだけであって、身体は安心できません。

行きたくないという気持ちを受けとって、共感し、抱っこするなどのスキンシップを通して、いまここで安心感がわいてくるような関わりをします。「10秒抱っこ」「3分ぎゅっ」とか、時間をきめてしっかりスキンシップすることを楽しむなども効果的です。自分のもやもやの気持ちを受けとめてもらえたとなると、気分がかわるということもこの年齢にはよくあることです。

親が時間にあせっているときには、それはとても困難です。ですから、行きしぶりが続いている場合には、親がおちついて対応できる時間をあらかじめ確保するようにしましょう。

そして、子どものこういう訴えをＳＯＳサインと受けとめ、そういえばこのところ時間に追われて生活することが多かったなとか、ちゃんと向き合って遊んでやる時間を増やそうとか、生活をふりかえって、工夫することが必要です。

まだ幼いですから、お休みをしてママとゆっくり過ごしたら、次の日は問題なく登園できるということもあるでしょう。要するに、子どもの訴えをちゃんと聞いて、対応するということを行っていくことが、日常生活の中のずれを修復するチャンスになるのです。

子どもが心身のちょっとした不調を表出して、それを親がくみとり、そこで安心を与えるようにペース調整をしてくれると、子どもは不快を表出すると解決できるということを学んでいきます。

そのことの全体が、自分で環境をコントロールできる感覚につながり、それは社会に出ていくための安心感となるのです。

ところが、一般にはご相談の例のように、子どもの不調の訴えの調整をすることなく、がんばらせる形で登園を強《し》いる場合が多く、子どもがそれに抵抗する形で状態が悪化してしまうことがよくあります。それは、「行きたくない」と言ったからといって、その言いなりになっては「わがままになるのではないか」という不安からきていることが多いかもしれません。

しつけの枠組みについて、もう一度考えてみましょう。しつけの枠は、「社会のルール」と「命と健康を守るための制限」です。

幼稚園に行きたくないという訴え、そして幼稚園に行かなければならない、それは社会のルールではありません。体調が悪いときには休むのが当たり前だからです。体調が悪いのに行かせるとしたら、それは命と健康を守るという点では逆方向です。

熱が出ていて行きたくないという子を休ませるかどうかで悩むことはないですよね。一般に、目に見える身体の不調は大事にするのに、目に見えない心身の不調に対しては無頓着である場合が多いのです。

心身の不調というのは、体温計などで測定できないかもしれませんが、実はママの目には見えているものです。いやだというその様子がそれを示しているのです。幼児は、ちょっとしたことでリズムが崩れますから、ちょっと待ってあげればいいいだけなのです。

昔は、幼児の場合、泣いてもほえても、ママが仕事に行ってしまえば、子どもはあきらめて適応するものだと思われていました。実際、そうだったかもしれません。そういうお子さんは、家でも幼稚園・保育園でも、泣きたいときにはちゃんと泣いたり怒ったりできているお子さんです。

ご相談者のお子さんのように、入園当初から幼稚園では泣いたりぐずったりが一切ないというようなお子さんの場合、そこでは年齢相応に感情表出ができない状態におちいっているわけなので、とてもストレスに弱い状態にあると考えられます。そのようなお子さんに対して、このような対応をすることは、とても心配です。

最近、小学校低学年で不登校になるお子さんの中には、実は幼稚園・保育園のときから登園しぶりをしていたのに、そこで子どもの心身の不調に目を向けてもらうことなく、ママがいなくなればけろっとするという理由で、ただ登園させつづけてきたという事例に出合うこともよくあります。

子どもは抵抗しても無駄だと思えば、第1章図4（26頁）の泣かないよい子のような防衛をして、けろっとするのです。そのような状態にある子は、幼稚園では〈おりこう脳〉の制御が年齢不相応に効きすぎているので、泣いたりぐずったりしません。その状態がSOSだということを示すために、登園しぶりが生じます。ここで、立ち止まって、第1章図2（20頁）の安心・安全状態にもどす必要があるのです。

仕事をしており、やむをえず、保育園においていかなくてはならない場合でも、保育士さんに抱かれながら、わんわん泣くことができて「ママと離れるのがいやなんだよね」と共感されながら、時間をかけてあきらめていくというプロセスを保障してあげることが必要です。

けろっと機嫌が急になおる形の適応は、Q＆A27「無視すると子どもの機嫌が直る」（165頁）に示すようなシフトチェンジによる適応をうながす、とても心配な反応です。

大事なのは子どもの訴えをSOSのサインととらえて、お仕事が終わってからの時間の中で、生活を見直す、子どもの気持ちに目を向ける方向に修正するということです。

もし悪循環になってこじれてしまっているような場合は、幼児というこの年齢だからこそ、一度関係性をリセットするために、2、3ケ月お休みするという決断をしたほうがよいです。小学校に行ってからお休みを必要とする段階になる前に、「いやだといったら安全が得られる」という形での安心・安全をちゃんと回復しておくことが、大きくなってからの適応のために重要なのです。

子どもの発達には個人差があります。幼いうちは、その個人差をきちんと承認してあげることで、すこやかな成長が保障されます。

Q&A 29

こんなとき、どうしたらいいのですか?

目をぱちぱちする

Q：2歳台のころも、わりとききわけのよい子（女児）で、あまり苦労しなかったのですが、最近、ぱちぱちしながらぼーっとしている姿を見るようになりました。半年前に下の子が生まれたのですが、いろいろお手伝いも楽しそうにしてくれていますし、これまで親を困らせるということはありませんでした。ママ友に「チック出てるね?」と言われてしまい、ショックでした。治るのでしょうか?（3歳6ヶ月）

A：子どもには個性があります。Q&A26「2歳児の噛みグセ」（163頁）では、エネルギーがありあまって噛みついてしまうというようなお子さんのご相談でしたが、このご相談のように、おとなしくて、大人の言うことをきくことが苦ではない、ふつうにしているとききわけのよい子になるというタイプのお子さんもいます。それは個性の違いです。

怪獣のようになってしまうお子さんの場合は、おのずと親が子どもに合わせて変わらざるをえないという体験をしますが、おとなしいタイプのお子さんの場合、ふつうにしているとふつうに育ってしまうので、子どもの不快感情にちゃんと向き合うチャンスを得にくいということがあるのです。

チック症状が出始めたということは、〈いやいや脳〉と〈おりこう脳〉のバランスがとれず、〈おりこう脳〉の制御が強すぎるということを意味しています。ということは、ほんとうは〈いやいや脳〉からの「いやいや感情」があるのに、出せない状態にあるのかもしれないということです。

半年前に下の子が生まれていて、お手伝いを楽しそうにしているということですね。３歳６ケ月にもなると、ママのまねをしてお世話をすることを楽しめる年齢でもあるでしょう。

しかし、第４章のＱ＆Ａ21「下の子へのやきもち」（135頁）で示しましたが、下の子が生まれるとき上の子は、「嫉妬」という扱いがたい不快感情を必ず体験しているのです。親が上の子の「嫉妬」の感情をもってはいけないものとみなすと、不快感情は封印され、よい子のお姉ちゃんの自分だけを認識するように、〈おりこう脳〉が制御を強めます。それは健康に育つ方向性とは異なるので、サインとして症状がでます。

こういった身体の症状も、コミュニケーションの機能をもっています。「ほんとはいやなの」っていう気持ちが、身体の反応で出ているのです。ですから、それをくみとってあげて、ことばにしてあげることで、症状はとれます。

上の子が、下の子に対して、おもしろくない気持ちをもつことは当然のこと、そういう気持ちはあってもいいもの、ということを親がしっかり認識することが、まず第1歩です。

親の認識が変わるだけで、子どもの反応は変わってきます。そして、子どもがそういう気持ちを口にしやすいように、ママが先に言ってあげましょう。

親のほうから積極的に「赤ちゃんごっこ」をしてあげてもいいと思います。

そして、日常生活の中でも、痛いとか、こわいとか、ささいないやなことを、ことばにして承認してあげるようにしましょう。

そのような工夫をしていくと、少し過去にもどる形で、本来2歳のときに体験するはずだった「手のかかる2歳児体験」をこれからすることになるかもしれませんが、それが必要ということです。どんなに優秀なお子さんでも、ちゃんと泣いてちゃんと怒って、ちゃんとぐずれることが必要です。

Q&A 30

こんなとき、どうしたらいいのですか？

髪の毛をぬく

Q：いわゆる「お受験」をめざしています。まわりのママ友たちもみんながんばっていて、子どもにチック症状が出ても、このくらいのストレスにはもちこたえてくれないと合格はできないっていう勢いで「チックが出てなんぼ」という声も聞かれます。うちの子は、じっとしているのが苦手なタイプなのですが、がんばって集中して課題に取り組めるように、はげまし、はげましがんばってきました。

ところが、ふとみると髪の毛を自分で一生懸命ぬいている様子が見られて、やめなさいというとパニックになって暴れます。明らかにお受験がストレスなのだろうということは、わかっているのですが、ここで「かんばらせないと」という気持ちもあります。ストレスに強くなるためにはどうしたらいいので

しょうか？（４歳６ケ月）

A： 子どもの〈いやいや脳〉は、命を守るためにのみ機能している場所です。命を守れない状況になると、いろいろな反応を起こします。チックも抜毛《ばつもう》症状〈自分で自分の髪の毛をぬく行為〉も、〈おりこう脳〉の制御が強すぎて、〈いやいや脳〉がちゃんと機能できない状態です。子どもの脳が必死にＳＯＳを出している症状です。このサインを無視すれば、メンタルヘルスの状態はより深刻なステージに進行していきます。

ご相談者は、ちゃんと「ストレスなのだろう」と直観的にわかっています。親の直観というのはあたっています。子どもに無理がかかっている、そのＳＯＳサインだということが直観的にわかっている。そうであれば、そのストレス刺激をとってあげること、それが心の健康を守るために絶対的に必要なことです。

それは親が一定の「あきらめ」をするということです。

しつけの枠組みとして成立するのは、「社会のルール」と「命と健康を守るための制限」のみです。お受験をして親がのぞむ学校に入れたいという思いは、社会のルールでも命と健康を守るための制限でもありません。それは親の「願い」です。

親の願いを満たすためにさせていることで、子どもが苦しいというサインを示したら、そのときは、命と健康を守るために、親の願いのレベルを下げることが必要なのです。

にもかかわらず、親が自分の自尊心やその他の理由によって、子どもに合わせることをせずに、子どものサインを無視して、親の願いを実現しようとすれば、子どもの脳みそは、シフトチェンジをして、親に適応します。幼児は親に愛されなければ生きていけない存在ですから、〈いやいや脳〉は、健康に育つという機能を放棄して、親に適応する道を選択するのです。

その防衛を専門的には「一次解離反応」といいます。第1章の図2（20頁）から図4（26頁）の状態になるということです。この段階では病気ではありません、単なる反応です。ところがそのまま育っていくと思春期以降、さまざまな心理的問題を抱えることになります。

それまでぐずぐず言っていた子が、急におりこうになって言うことをきくようになるとき、この「シフトチェンジ」が起こっています。この防衛が機能すると、ある時期まで、つらいとか眠いとか痛いとか訴えることなく、親の思い通りにがんばる子になるかもしれませんが、それは、将来的な心の健康を放棄する適応の仕方です。

自分の中の不快感情を安全に抱えることができなくなるシフトチェンジなので、どこかの段階で、不快感情が暴走することになります。頭のよい要領のよい子どもたちの不快感情の暴走は、いじめ加害をするという形で表出されます。

Q&A 31

こんなとき、どうしたらいいのですか?

親の前で「よい子」なのに幼稚園でいじわる

Q：大事に、大事に、育ててきた一人娘です。幼稚園の先生から、大人がいるところではしないけれども、大人の目がないところでは、乱暴なことばで友達にいじわるを言ったり、たたいたりしていると聞きました。

家では、2歳のころにはかんしゃくがありましたが、父親に厳しく叱ってもらうことで、そういうことはなくなりました。なので、厳しくすることが必要なのだと思ってやってきました。家では、とてもよく言うことをききますし、乱暴なことばなど考えられません。（4歳3ケ月）

A：あまり知られていませんが、「親の前の顔と、幼稚園や保育園での顔がまったく違う」ということ、そのことが症状であり、サインなのです。

なんの症状かというと、前項のQ&A30でも述べたように、第1章の図2（20頁）から図4（26頁）への「シフトチェンジ」の症状なのです。子どもは親に適応するために、親が認めてくれない感情は封印することを学びます。封印された不快感情は、出口を求めるので、いじわるをするという形で放出されます。

2歳児のかんしゃくなど、〈いやいや脳〉が育つための生理的反応に対して、恐怖を与えて表出させないようにすれば、簡単にこのシフトチェンジは起こります。このシフトチェンジを起こすことを、しつけができたと誤解している方たちがたくさんいると思います。幼児に恐怖を与えたり、抵抗しても無駄だという体験をさせたりすれば、言うことをきける子に変身させることが可能です。しかし、それは子どもが将来幸せになる方向性の変身ではありません。

ご相談者のような状態になっている場合には、日常生活の中における小さな不快感情を大切に扱ってあげるということ、感情の社会化のプロセスをていねいにやり直していってあげることで回復します。

幼児は、簡単によくない方向に変身もしますが、大人の対応をかえれば、これはまた簡単に健康な方向にもどすことが可能です。

ですから、気づいたときから、大人が対応をかえればよいのです。幼児のうちには、遅いということはありません。

その際、ぐずぐず、いやいや状態が復活するということは、覚悟が必要です。それに対して、しんぼう強く感情の社会化・しつけのプロセスで対応していくことで、ちゃんと成長していきます。

カウンセラーママのつぶやき④

今日はいったい何のための一日だったのだろう？そう思ったことも

……………岡崎香織

私は今、5歳、2歳半、4ケ月の3人の娘を育てています。三女を抱っこし、二女を乗せたベビーカーを片手で押し、長女と手をつなぐのが現在のお出かけスタイル。長女の幼稚園に合わせた生活で、送り迎えの合い間に二女を遊ばせ、三女には3時間おきに授乳をする。お昼寝のタイミングで家事をすませたいと思ってもなかなかうまくいかず、3人が同時に泣いているという状況も少なくありません。

物理的に手が足りない毎日が続くと、心にも余裕がなくなっていらいらし、自分が理想とする関わりができなくなってしまいます。

長女と二女には何でも「自分でやりなさい」と年相応以上のことを求め、三女はどうしても泣かせる時間が長くなってしまう。そのたびに、それぞれの子にちゃんと向き合えていないのでは、という葛藤が生まれます。

自分の中のそういう葛藤と向き合うことができればまだいいほうで、時にはその暇もなく、葛藤を心のすみに追いやって、生活を送ることで精いっぱいな時期もありました。

そんな毎日の中で、本当に癒されるのが子どもたちの姿。

私が忙しいときに長女が二女に本を読んであげていたり、長女と二女で泣いている三女に歌をうたってあげていたり。知らない間に成長した子どもたちの姿に気がつくと、「私が毎日していることは大切なことなんだ」と、親としての自分をまた信じることができる、そんな繰り返しの毎日です。

今も忙しく大変ですが、長女がまだ幼かった5年前を振り返ると本当に苦しかったです。夜になってふと気がつくと、今日は子どもの世話と最低限の家事しかしていない。何かしたという達成感がなく、いったい今日は何のための一日だったのだろうと。だけど今になって思うのは、それがまぎれもなく子どもの成長のための一日だったということ。

終わりの見えない日々にも必ず終わりがきてしまい、ママを困らせるたどたどしい言葉にも、いつもママの後ろを追いかけるよちよち歩きにも、いずれ会えなくなってしまうということを知りました。そういう意味では、ある程度先のことが見える今のほうが、気持ちはラクなのかもしれません。

長女も二女もだんだんとできることが増える一方、今までできていたことをやらなくなったり、グズグズしたりすることもあります。子どもなりにいろんな気持ちがあるのだと思います。


断乳やトイレトレーニングももちろんうまくいかない期間はありますが、それでも親が子どものグズグズを受け入れる覚悟を決めると意外とうまくいくもので、私も子どもたちから驚くほどの成長を見せてもらいました。

里帰り出産から戻って1ケ月がたったころ、長女が登園前にグズグズ泣くようになりました。朝の忙しい時間につき合うのは本当に大変でしたが、春休みで私も少し余裕ができたときに振りかえり、三女が生まれてからずっといいお姉ちゃんをがんばってきた長女を、とことん受けとめようと覚悟して4月を迎えました。すると意外なことに、それからはまったく泣かずに登園するようになったのです。

まだまだ悩むことも多いですが、そんなときはいつも子どもから大切なことを教えてもらい、親として成長させてもらっています。

第 6 章

ママ自身のSOSサイン

本書では「はじめに」のところで、「親のつらさはさておき、子どもの育ちという点を中心に、子どもがちゃんと育つために必要なこと」を書くと述べました。そして第1章から第5章まで、子どものためにどういう関わりが必要なのかということを書いてきました。

でも実際のところ、ママたちは妊娠・出産という体験を通して心身ともに大きな変化を体験しているので、その新しい自分をもてあましてしまうという危機にぶつかっていると思います。それがどういうことなのか、この章では説明していきたいと思います。

Q&A 32

ママとしてちゃんとやっていけるかしら？
子どもが生まれてから不安が強くなった

Q：私はもともとあまり泣いたりすることのない人間だったのですが、子どもを産んでから、やたら涙もろくなって、不安を感じるようになりました。おっぱいの量が足りているのかとか、ごはんを食べるようになってからも栄養的に足りているのかとか、毎日が不安になってしまいます。（１歳６ケ月）

A：妊娠・出産により、お腹がめだって身体が変化することは誰でも知っていますが、実は脳そのものも、子どもを産み育てるための機能にスイッチが入り、新しい回路ができ、大きな変化をしています。女性の身体は、脳も含めて、子孫繁栄のためにプログラミングされているわけです。

子どもを産む前の現代人は、大人になると、〈いやいや脳〉の本能的な機能は使わずに生活しています。さらに近年のＩＣＴ化された社会においては、デジタルな情報処理により生活はますます便利になっていますから、生理的・本能的な感覚は使われなくなっています。

現代人は、消費期限のラベルがないと、まだ食べられる食品かどうかを、嗅覚や味覚で判断することに対する自信がもてなくなっています。現代社会という流れは、私たちに生理的・本能的な感覚、直観というものを使わない生活をもたらしているのです。いままで何度も述べたように、大人は〈おりこう脳〉による制御により、生活をしています。

ところが、妊娠・出産・授乳などは生物の機能、〈いやいや脳〉の領域の機能により行われるものですし、その後の育児においても、生理的・本能的・直観的な身体感覚を駆使して子どもを守るという仕組みが作動します。有名なオキシトシンをはじめ、さまざまな物質や回路などが子どもを育てる方向にむかって機能するようになるのです。

だから、不安を強く感じるようになります。怒りやいらだちも同じです。〈いやいや脳〉が敏感に反応して、〈おりこう脳〉との情報交換をします。

不安を感じやすくなることは、子どもを守る感度が高まるという意味で重要な役割をもっているわけなのですが、その不安におしつぶされてしまうと育児困難状態になってしまうのです。そこには次のQ＆A33で述べる記憶のよみがえりも関係しています。

Q&A 33

ママとしてちゃんとやっていけるかしら？

出産してから子どものころの記憶が出てきてつらい

Q： 子どもが2歳くらいになったころから、自分の子ども時代の記憶がよみがえってくるようになりました。しかも不快な記憶が多くて、妹が生まれてやきもちやいて怒られたことまで、すっかり忘れていたことを思い出してしまいます。そして気づくと、親が自分を叱ったようにわが子を叱っている自分に気づき、とてもいやな気持ちになります。（2歳6ケ月）

A： 前項のQ＆A32「子どもが生まれてから不安が強くなった」で述べた大きな変化の1つには自分の子ども時代の記憶が開くということが含まれます。おそらく、育児書などのない時代であっても、自分の体験の記憶を参照することで、子育てが可能なようにプログラミングされているということなのだと思います。

たとえば、動物園で飼育員の人間によって育てられたサルは子育てをしないと言いますが、実際の母ザルによって育児されたという記憶がないので、育児を学ぶことができないと考えられています。

出産後開く自分自身の乳幼児期の記憶が、心地よいものであれば問題ないのですが、ご相談者のように、不快な記憶がよみがえってくると、子育てがつらいものになってしまいます。

ふつう記憶は「ものごころ」がついてからしか残っていないと思われていますが、それは言語を伴った記憶の場合です。言語すなわち〈おりこう脳〉とつながる前の〈いやいや脳〉の生理的・身体的な反応としての記憶、恐怖や不快・不安の身体感覚の記憶というものも保存されており、赤ちゃんの泣き声を刺激として、出産直後によみがえるということが起こります。

出産時に命の危険があった場合や、なんらかの事情でケアされない中で育った場合など、出産を契機にとてつもない恐怖の記憶がよみがえってしまうということがあります。その結果、赤ちゃんを見ると抱きたくない、触りたくないと思ってしまい、そのために自分は母親失格だと自信をなくしてしまうと、その後の育児困難へとつながってしまいます。

虐待的な関係におちいってしまうことの背景には、このような記憶のよみがえりが潜《ひそ》んでいます。

記憶のメカニズムはとても不思議で、子どもの年齢と同じころの自分の記憶が出てくるのです。漠然とした恐怖や不安として体験される場合もあるし、自分の中の小さな子どもがなにかを叫んでいるような体験として現われることもあります。

重要なのは、それらが「母になるための脳のしくみ」の中で起こっていることと、小さかった自分には何の責任もないということを知ることです。

そして、小さな自分がほんとうはどうしてほしかったのかということを考えてみましょう。

きっとやさしくよしよししてもらいたかったはずです。心の中の小さな自分や、漠然とした恐怖や不安を、いまのあなたが抱きしめてあげましょう。

それができると、目の前のわが子の泣きが、あなたを苦しめなくなっていきます。

Q&A
34

ママとしてちゃんとやっていけるかしら？

子どもの泣き声をきくと、恐怖でおちつかなくなる

Q： 子どもがぐずって「いやいや」と泣き叫ぶときに、それを受けとめなくちゃいけないということは頭でわかるのですが、なんともいえない恐怖を感じて、できないのです。だから、できるだけ泣かせないようにしようと思って、いけないのはわかっているのだけれど、子どもの言いなりになってしまいます。（2歳8ケ月）

A： このような状態になっているときも、前項のQ＆A33で述べたように、過去の記憶のよみがえりが起こっているのです。ご相談者は、ご自分の中に恐怖があると自覚できていますが、なんとなく不快というレベルだと、そのこと自体

に気づかないでいることもあります。

第1章から第5章まで、子どもの不快感情をどのようにして受けとめることが必要なのかということを述べてきました。それがわかったのだけれどもできないときというのは、子どもの泣き・ぐずりによって、ママの身体に、恐怖や不安がわきあがるという状態が生じています。それが、過去の記憶のよみがえりなのです。

人は、恐怖や不安が〈いやいや脳〉にわきあがると、それに対処するための行動をとるものです。子どもの泣き・ぐずりによって、不快にさせられているとなると、その対処としては「叱る」か「ひれふす」かの手段がとられることになります。

つまり、泣いている子を叱りつけて、泣かせないようにしようとする方向か、言いなりになって、子どもを満足させることで泣かせないように子どもにひれふしてしまう方向の2つです。第1章から第5章で述べてきたように、いずれの方法も、子どものすこやかな育ちにはつながりません。

まず、子どもの泣き・ぐずりの声によって、自分の中に不快・恐怖がよみがえってきているのだということに、目を向け、気づいてみましょう。ママ自身が自分の身体感覚、〈いやいや脳〉と向き合うということです。そして、その思いを抱きしめてください。

なぜ、不安なのか、恐怖なのか、わからないこともあるかもしれません。それでも「きっと昔そういう思いをしたことがあるんだ」ということ、その思いは「誰にもよしよしされなかったのかもしれない」「それなのにここまで大きくなって、お母さんになっている私は、ほんとにえらかったね」と、自分で自分の痛みを受け入れてほしいのです。

それは、感情の社会化のところでお伝えしたことを、自分の中の不快感情に対して自分でしてあげるということです。

これらの記憶のよみがえりによるママのSOSは、自分ひとりの力で解決することは困難な場合もあります。そのようなときには、カウンセリングを利用することが役にたつことがたくさんあります。子ども家庭支援センター等の子育て支援機関などにおききになると、その地域での公的なカウンセリングの機関を教えてもらえると思います。

Q&A 35

ママとしてちゃんとやっていけるかしら?

答えがほしいのに答えがないからつらい

Q：テレビや雑誌でもいろいろなことが言われているし、ネットでもいろんな人が情報発信していて、どの情報を信じていいのか、わからなくてすごく不安になります。こういうとき、どうしたらいいのって、その答えがほしいのに、でも結局子育てって、子どもも状況もみんな違うわけだから、参考にはなっても、これが正解って誰も言ってくれないから、だから、どんどん不安になるんです。(2歳9ケ月)

A：昔に比べて、情報が多いということも、逆にママたちの不安を高めてしまうということがありますよね。しかもネットの情報の中には、出版されている本などと違って、明らかにまちがっているというものもあります。

また、商業ベースという点からは、ママたちに売れればいいという価値観のもと、ママが単に楽になることのために開発されている商品もあり、子どもの育ちのためにいいかどうかということとは無関係に、流行が生まれるということもあります。だから、なにが正解かはほんとうにわからない世界だと思います。

ママたちにお伝えしたいこと。それは、自分の勘を信じてほしいということです。出産したママだからこそ、身体も脳も子どもを育てるためにシフトチェンジされているママだからこそ、自分自身の中の直観を信じる力を育ててほしいのです。

外部に答えを求めようとすると、子育ての20年間ずっと不安を抱えていくことになります。小学生になれば、朝、学校に行きたくないとぐずる子どもを休ませるか、叱って行かせるか、そういうことを瞬時に判断することが求められます。そういうとき親の直観というものが一番正しい判断なのです。

ママの直観と〈おりこう脳〉の判断が異なると、いらいらと不安が生じ、ママは混乱します。直観は信頼されることを通して育つのです。違うと思ったら、違っていたと思う直観によって修正すればいいだけのこと、まちがうことを怖れる必要はないのです。

自分の直観を信じられる力を育てるためには、自分自身の〈いやいや脳〉の機能を大切にするということが必要です。生理的、本能的な不快をちゃんと大切にしておくことによって、適切な直観が働くようになります。

直観を信じられると、子育てはずっと楽になります。パパたちは、迷ったときには、ママの直観を支持してあげてください。産んだ人なのだから。

Q&A 36

ママとしてちゃんとやっていけるかしら？

自分の親からいまだに評価されているようでつらい

Q：子どもといるのは楽しいと思えるのですが、自分の親から電話がかかってくるたびに、ゆううつな気持ちになり、おちこんでしまいます。「ちゃんとやっているの？　これしたの？　あれしたの？　大丈夫なの？」って言われるたびに、よいお母さんじゃなくちゃだめって、完璧を求められているような気持ちになって、すべてを投げ出したい気持ちになります。

思えば、子どものころから、お母さんの評価をおそれ、完璧な子どもになるようにがんばってきたんです。結婚して、ようやく自由になれたと思っていたのに、子どもが生まれたら、同じことの繰り返しです。（1歳8ケ月）

A：そういうふうに、それがいやだと認識できるようになっているということ、それでいいのです。あなたの中に、またお母さんの期待にこたえるレールにのせられそうになることに対する嫌悪感が生じているということですよね。

その嫌悪感はあってよいのです。それが自立の契機です。

でも「すべてを投げ出したい気持ちになる」という場合には、嫌悪感があるのに、それに従わなくちゃいけないように思っている部分もあるからなのではないでしょうか？「お母さんの言いなりになりたくないのに、言いなりになっていないと不安」というような葛藤があるということ、つまり、この葛藤の仕方が、思春期のころの葛藤と同じということです。

結婚して、出産して、大人になったわけですから、「お母さんの言いたいことはわかる、でも、私はこうしたいの」という距離感を開発するということが自立ということになります。それは、「お母さんの言いなりにさせられそうになることに嫌悪感がある、だから私はそうはしない、だけどお母さんが心配して言ってくれている気持ちはわかる」という距離感です。

親はいつでもわが子のことが心配なだけなのです。だからついつい口うるさくもなるのでしょう。でも一定の年齢になった子どもが、自分の思い通りになるわけでもないということは、わかっているものです。だから、子どもが「お母さんの言いたいことはわかる、でも、私はこうしたいの」という距離感を開発してくれたら、それでいいのです。

自分の中の「お母さんの言う通りにしないと不安」という子ども時代の気持ちがよみがえっているだけですから、そういうことになっていると気づくことによって、解放される場合も多いものです。

Q&A 37

ママとしてちゃんとやっていけるかしら?

妊娠・出産時に医者から言われたことばが頭から離れない

Q:妊娠するにあたってもいろいろな困難がありました。妊娠中の体重の管理をめぐって、医者にすごく叱られ、いやな思いをしました。まるで自分が母になることへの自覚がないと思われているかのように罵倒されました。出産もとても大変で、声をあげてしまったのですが、なさけないと言われて、ショックでした。子どもの泣き声を聞くと、毎回毎回、その医者に言われたことばがよみがえってきます。自分がなさけない人間で、母親の資格がないと言われているような気分になり、子どもを抱くのが苦痛です。(10ケ月)

A:これまでも述べてきたように、妊娠・出産は脳みその中の動物的な部分によって行われるものです。そのため、平常時の〈おりこう脳〉の制御がきかないので、傷つくことばを言われたときの防衛装置も働かない状態にあります。ですから、妊娠・出産の時期は、心理的にとても傷つきやすいのです。そのようなときに、自分とわが子の命をまかせている医師の言動によって傷つけられてしまうと、それは容易にトラウマとなりうるのです。ご相談者の状態は、子どもの泣き声が引き金になって、不快な記憶がフラッシュバックする状態であり、ＰＴＳＤ状態と理解できます。

妊娠・出産に高度な医療が介在する時代に入り、無事に出産するまでのプロセスの中で、心理的な傷つきを抱える可能性は増えていると思います。医療者にとっては通常の安産であっても、当事者にとっては生まれて初めて体験するとてつもない痛みの経験であり、ましてそこに何らかのリスクが伴えば、それは大きな恐怖体験となります。

しかしながら、無事出産となれば、一瞬にして恐怖体験は「おめでとう」ということになり、周囲は喜びにあふれ、妊産婦の文字通りの「死ぬ思い」はなかったことになってしまう世界でもあります。ママだけが取り残されてしまうのです。

このようなシチュエーションの中で、母としてのアイデンティティを否定されるような関わりをされたなら、自信を喪失し混乱が生じてしまいます。その結果、「ボンド」と言われている子どもを本能的に守ろうとする母性の絆の形成が困難になるということが起こるのです。

子育て困難を感じて苦しんでいるママたちの中には、人知れず、妊娠・出産時の傷つきを抱え、誰にも相談できずにいる人たちがいます。

トラウマとは、記憶の傷つきの問題です。つらかった記憶を、安全な関係の中で、話し、泣き、怒り、共感してもらえることで、過去の記憶として再処理されていきます。信頼できる人との関係の中で、しっかり泣いて怒ることが重要です。

泣くこと、怒ることは、心の健康を維持するために、とてもとても大切なことなのです。

Q&A 38

ママとしてちゃんとやっていけるかしら？
「ハーネス」や「アプリ」って使っちゃ親失格なの？

Q： とにかく自分で歩き回りたがる子なので、危険防止のためにハーネスリュックを使いたいと思っているのですが、テレビとかで「犬を連れているみたい」と批判されているのを見たりして、使う勇気がなくなりました。ハーネスリュックって、そんなにだめなものなのでしょうか？（２歳０ケ月）

A： １、２歳児にハーネス（散歩ひも）をつけて歩かせている様子が、あたかも犬を連れているかのように見えるということから、テレビやネットで議論になっているというニュースを、私も見たことがあります。

このハーネスリュックの使用をめぐる議論は、「親になる」ということとはどういうことなのかということを考えるための、よい例だと思います。

東京のような都会では、小さな子どもを連れ歩くときに、人ごみに紛《まぎ》れて手が離れることの心配に対する保険（命綱）として、ひもでくくっておきたいと思うのは、その環境の性質からして当然のことだろうと思います。その必要性から、ハーネスリュックという、リュックにハーネス（ひも）がついているかわいいデザインのものが販売されているようです。


「親になる」ということは、「親が子どもを気づかう」関係性にあるということを意味しています。ところが、子どもが泣くことに親がいらだつようなときには、「子どもが親を気づかう」関係性を望んでいる状態になっています。「なぜ親を困らせるのだ」という怒りを抱えるということです。

「親が子どもを気づかう」関係性にあるならば、親の考えの中心にあるのは「子どもの安心・安全」となります。その場合には、たとえばお金を払うために手を離したそのすきに、子どもが人ごみに紛れてしまうような危機的状況を避けるための保険（命綱）としてハーネスリュックを利用し、「基本は手をつないで歩く」という姿になるでしょう。

しかし、もし親の考えの中心が「自分の安心・安全」にあるならば、「自分がスマホをしている間にいなくならないために」「自分が目を離しても大丈夫なために」「自由に歩かせておくと子どもがぐずぐず言わなくて自分が楽だから」ハーネスリュックを利用することになるでしょう。その姿はあたかも犬をつないでいるかのように見えることと思います。

つまりそこに見えているのは、目に見えない親子の関係性なのです。

親が「自分の安心・安全」を中心に考えて行動していると、おのずと「子どもが親を気づかう」関係性が展開し、小学生以降になると、子どもは自分が不快なときに親の顔を見るとさらに不快になるので、親を信頼しなくなってしまいます。幼児のハーネスリュック論争は、親が子どもをどうやってコントロールするのかということについての象徴的な問題を示しているように思います。

あるママが、電車の中で子どもがぐずって大変なときに、スマホのアプリに関心を向けさせて静かにさせたいと思ったけれども、スマホで子育てしているというふうに思われたくないから、スマホを出せないということで悩んでいました。

第4章のQ&A18「外出や公共の場でひっくり返って大泣きする」（126頁）にも書きましたが、混雑した電車などのような場面では、事前に非常時の手段をちゃんと準備しておけばいいということであって、そこではスマホアプリもありということではないでしょうか。親として、予測して準備して周囲に迷惑をかけないように考えているということが、ちゃんと「親になる」という姿勢だからです。

周囲の目を気にする必要はありませんが、そのようなスタンスで、スマホアプリを見せている様子は、決して子育てを手抜きしているようには見えないものです。

非常時ではなく、日常生活の中で、泣かれるとめんどうだからという理由でスマホを使っていたら、それは子どものすこやかな成長を保障する方向ではありません。なぜならそれは自分中心であって「親になる」という姿勢ではないからです。

要するに、ハーネスリュックも、スマホアプリも、こういった便利な道具は使い方次第なわけですが、その前提として、「親になる」という覚悟ができているかどうかということが重要だということです。それは、自分が楽をするためではなく、子どものことを中心に思考できる状態にあるかどうかということです。

しかしながら、この「親になる」覚悟ができていない中で、便利な道具に頼って、できるだけ泣かせないように制御するということがまかり通ってしまうと、小学校低学年の暴力の問題は、今後ますます深刻なものとなるでしょう。

便利な子育て道具のある時代だからこそ、意識してその使い方を考えなければならないのです。

カウンセラーママのつぶやき⑤

転勤で子育て環境が激変！近くの公園に子どもがいない

……………木村裕乃《ひろの》

「今日も誰もいない……」２歳９ケ月の娘と７ケ月の息子を連れて公園に来た私はがっかり。新年度が始まった４月上旬、転勤になったわが家は、見ず知らずの土地に引っ越してきた。以前は子育て世帯がたくさんいる社宅に住んでいて、外に出れば誰かしらに会う環境だった。

公園に行くと同い年くらいの親子に出会い、自然と顔なじみになり、友だちになりという環境に慣れきっていた私は、はじめての転勤、そして知り合いが誰もいない環境での子育てに不安を感じつつもまた新たな出会いがあるかもと期待していた。

ところがその期待もむなしく、運が悪いことに、小さい子どもがいる世帯がこの春に一気に転勤でいなくなってしまったそうで、毎日誰かしらいたという社宅に近い公園に行っても、私たち親子しかいない日々。

公園で誰とも会わないなら子育て支援センターに行ってみようと出かけてみたが、

どちらかというと乳児向けの施設で、息子は楽しそうにズリバイしているが娘には物足りなさそう。いったいみんなどこで遊んでいるのだろう？　うちがひますぎるのかな？とだんだん孤独を感じるようになり、引っ越しの荷ほどきもある中、子ども以外としゃべらない日々に疲れを感じるようになった。

自分に余裕がなくなってくると、子どもたちも敏感にそれを感じて以前より泣くようになった。自分で洋服を着たいけどうまく着られない、でも私に手伝ってほしくなくてキーキー泣く娘。せっかく公園に来たけど風が強くて「やーだー！」と泣く娘。

そんなことは引っ越す前にもあった日常的なこと。だけども余裕がない私はイラッとする沸点が下がっているので、カッチーンとくる。

おまけに、それまで手のかからなかった息子がどんどん動くようになり、おもちゃの取り合いで二人とも泣いていることも増えた。

このままではいけない、どこかで気持ちを吐き出さねばと思うが、誰もいない。以前なら話せる友だちがいたのに……と何でも過去と比べてしまう。

そんな中、ある日主人が職場の歓迎会を終えて帰宅してきた。

いいなあ、たとえ仕事でも歓迎してくれる場があって。私には家しかないと思うと、涙が出てきて泣きながら思いをぶつけた。

主人にしたら、帰ってきていきなり泣かれて面食らっただろうが、おかげで私は少しスッキリ。自分が話を聞いてもらえて余裕が出ると、子どもたちにも余裕をもって接することができてきた。

公園に行くときに「公園、誰もいなくてもいい?」と娘に聞くと、「いいよ~。そしたらお母さんと◯◯くん(弟)と遊ぶから!」と明るく返ってきた。

それを聞いて子どもにとっては誰かと遊べるにこしたことはないけど、お母さんがニコニコそばにいてくれたらそれでいいのだと気づいた。

誰にも会わない環境は変わらないけど、そのぶん娘とガッツリお砂場遊びしたりブランコを交代で押したりする遊びは今しかできない。いつかは子ども同士で遊ぶことを楽しむときが来るのだから、それまでの貴重な親子の時間だと思えるようになった。

そう思いながら、定期的に開催されている近所の子育て広場に出向いている現在、少しずつだが顔見知りができてきた。今後を楽しみにしたい。

ブックデザイン：長坂勇司
イラスト：ゼリービーンズ
校正：あかえんぴつ
企画・編集：矢島祥子

大河原美以（おおかわら・みい）

東京学芸大学教育心理学講座教授。博士（教育学）。臨床心理士・家族心理士・学校心理士。1982年東北大学文学部哲学科卒業。児童福祉施設の児童指導員として勤務後、1993年筑波大学大学院修士課程教育研究科修了。精神科思春期外来、教育センターなどの非常勤カウンセラーを経て、1997年より東京学芸大学。専門は子どもの心理療法・家族療法。

著書に、『怒りをコントロールできない子の理解と援助―教師と親のかかわり』（金子書房）、『ちゃんと泣ける子に育てよう―親には子どもの感情を育てる義務がある』（河出書房新社）、『子どもの感情コントロールと心理臨床』（日本評論社）他。

http://www.u-gakugei.ac.jp/~ohkawara/

子《こ》どもの「いや」に困《こま》ったとき読《よ》む本《ほん》

どうやってしつければいいの？

2016年8月30日第1刷発行

著　者　大河原美以《おおかわらみい》
発行者　佐藤　靖
発行所　大和《だいわ》書房
東京都文京区関口1-33-4　〒112-0014
電話　03-3203-4511
本文印刷　信毎書籍印刷
カバー印刷　歩プロセス
製　本　ナショナル製本

ISBN978-4-479-78358-9
乱丁本・落丁本はお取替致します
http://daiwashobo.co.jp